国家文物局考古研究中心·论著系列－5

致远舰与经远舰

出水文物保护修复

国家文物局考古研究中心
丹东市文化旅游和广播电视局　编　著

张治国　李　辉　万　鑫　主　编

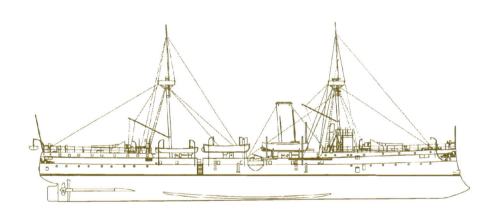

科学出版社

北　京

内 容 简 介

致远舰和经远舰沉船遗址发掘出水的文物种类繁多，分为武器、船体构件和生活用品三类。在国家文物局考古研究中心北海基地进行保护修复的致远舰出水文物352件／套。经远舰出水文物513件／套。主要文物材质类型包括有机质、金属、陶瓷。多数出水文物器型规整、品相良好，具有较高的历史、科学、艺术和军事等价值。本书主要介绍了致远舰和经远舰出水文物的科学研究与保护修复情况，涵盖致远舰和经远舰代表性文物介绍、文物科学分析、病害分析、各类文物的保护修复方法、典型性案例介绍等内容。

本书可供文物保护、科技考古、考古工作者，以及对甲午战争历史感兴趣的公众等查阅参考。

图书在版编目（CIP）数据

致远舰与经远舰出水文物保护修复/国家文物局考古研究中心，丹东市文化旅游和广播电视局编著；张治国，李辉，万鑫主编. -- 北京：科学出版社，2024.12.

ISBN 978-7-03-080487-7

Ⅰ．K875.34；G264.3

中国国家版本馆CIP数据核字第2024ZC2399号

责任编辑：王琳玮／责任校对：邹慧卿
责任印制：肖　兴／封面设计：金舵手世纪

科学出版社 出版

北京东黄城根北街16号
邮政编码：100717
http://www.sciencep.com

北京汇瑞嘉合文化发展有限公司印刷
科学出版社发行　各地新华书店经销

*

2024年12月第 一 版　开本：889×1194　1/16
2024年12月第一次印刷　印张：12
字数：338 000

定价：268.00 元

（如有印装质量问题，我社负责调换）

目 录

引　言

2016年10月，大东沟黄海海域"丹东一号"水下考古调查结束，最终确定为致远舰遗址；2018年10月，庄河黄海海域甲午沉舰水下考古调查结束，最终确认为经远舰遗址。

致远，穹甲巡洋舰，由英国阿姆斯特朗公司建造，于1887年完工，并在当年11月回国。全长250英尺（约76米），宽38英尺（约11.6米），吃水15英尺（约4.6米），排水量2300吨，双桅、单烟囱，穹面装甲厚2～4英寸（5～10厘米）；航速18节。主要武器：装备三门21厘米克虏伯主炮（8英寸，舰首双联装，舰尾单管，在半封闭式炮塔中），两门15.2厘米阿姆斯特朗主炮（6英寸），哈乞开斯57、47、37毫米炮，六门轮转式（Gatling）机炮，四支18英寸鱼雷发射管。

经远，装甲巡洋舰，由德国伏尔铿船厂建造，1887年7月建成，1887年11月与致远、靖远、来远三舰一同归国。全长82.4米，宽11.99米，最大吃水5.11米，排水量2900吨，单桅、双烟囱，舯部铁甲堡设计，首、尾安装穹甲板，装甲厚5～24厘米，航速16节。主要武器：两门210毫米克虏伯主炮、两门150毫米克虏伯副炮，另还装有75毫米克虏伯炮、两门47毫米速射炮、两门37毫米五管连珠炮，四支鱼雷发射管。

致远号和姊妹舰靖远号及同时在德国订购的经远、来远号在1887年底完工加入北洋水师后，清政府便由于各种政治原因，没有新的战舰加入，结果在1894年爆发的中日甲午海战中，致远和靖远号是北洋水师最为"新式"的舰只。而日军在不停购买、自建新的战舰。因此，到开战之时，中国海军主力舰艇实际上已经逊于日本海军。

北洋海军甲午沉舰来自于中日三次海战，分别为1894年7月25日丰岛海战、9月17日黄海海战和1895年1～2月威海卫保卫战，三处均有北洋海军军舰沉没。

1894年9月17日，中日甲午海战在黄海北部海域爆发，扬威、超勇、致远、经远四艘军舰沉没于交战区，此战后中国丧失黄海制海权。战斗中经远舰与致远舰编组作战，致远舰奋勇激战，为救起火的旗舰定远舰而以舰体侧面抵挡炮弹，舰体多处中弹倾斜，管带邓世昌欲冲撞日舰吉野与之同归于尽，但不幸爆炸沉没，全舰官兵246人为国殉难。在致远舰沉没后，定远舰仍孤军对敌，管带林永升战死，终被群攻而沉没。1895年的威海卫之战，日军陆军从后面包抄、海军从海上封锁，待南岸炮台失守后又被日军利用，反而对湾内北洋舰只进行轮番炮击，舰队损伤惨重，最终全军覆灭。

甲午海战时值海军战舰由传统的木质帆船战舰向钢铁蒸汽轮机战舰过渡的时期，而致远舰堪称世界钢铁战舰之鼻祖，在海军舰船史上具有特别重要的研究价值。这一时期海军战舰出现三个显著的变化：一是出现钢铁装甲，与传统的木质战舰相比，战舰的防护能力得到显著提升；二是火力装备由传统的舷侧列装火炮改为倚重舰首大口径主炮配以副炮的火力组合；三是速射炮、填充黄火药的开花弹和鱼雷开始出现，武器杀伤力显著提升。

致远舰和经远舰的发现，开启了中国水下考古的新篇章。就国际水下文化遗产保护而言，第一次世界大战以来的水下沉没军舰已成为国际学术界关注的热点。致远舰与经远舰沉船遗址调查出水的文物种类繁多，包括金属、陶瓷、玻璃等无机质文物和木质、皮革等有机质文物。由于致远舰和经远舰长期埋藏于海泥中，饱受海流的浸泡和侵蚀，海流的冲刷和激荡，海底生物的噬食，在多种破坏因素的直接作用下，沉船内文物表面被凝结物覆盖，有些文物相互粘连成一体，部分文物锈蚀严重。本书较为全面地总结了致远舰和经远舰出水文物的科学分析和保护修复工作。致远舰和经远舰的调查、发掘、研究与保护无疑将推动甲午海战的学术研究不断走向深入，具有无可估量的学术价值与深远意义。

致远舰与经远舰不仅承载着甲午战争时期的历史文化信息，还是爱国主义精神的集中体现。清末书画家高邕为致远舰撰写了著名的挽联"此日漫挥天下泪，有公足壮海军威"。今年是甲午海战130周年，谨以此书缅怀先烈，致敬那场永不妥协的抗争，以史为鉴、面向未来。

第一章 遗址与文物

第一节 致远舰遗址与代表性文物

中日甲午海战致远舰遗址曾命名为"丹东一号"沉舰，该舰位于辽宁省丹东市大鹿岛西南海上，离最近的海洋红村渔码头17千米，水深18~25米，海床面平坦，泥质底，能见度较好，可达1~2米。2013~2016年，原国家文物局水下文化遗产保护中心（现国家文物局考古研究中心，以下简称中心）与原辽宁省文物考古研究所（现辽宁省文物考古研究院）联合组建水下考古队实施该海域水下考古调查，确定了该沉舰遗址的具体位置。其考古调查成果，获评2015年度十大考古新发现。调查显示，该沉舰遗址揭露长60、宽9~10、残高（埋深）2米的舰体，外壳用钢板构造、铆钉连接，发现水密隔舱、锅炉、穹甲等舰体部位。提取方形舷窗、152mm炮弹、加特林机枪、鱼雷引信、"致远"餐具、"陈金揆"望远镜等文物300多件。根据沉舰的出水文物情况，最终于2017年确认其为大清北洋水师"致远舰"沉舰遗址，并向社会正式发布。

致远号巡洋舰（英文：Chinese cruiser Chih Yuen）是中国清朝北洋水师向英国阿姆斯特朗船厂（英文：Armstrong Shipbuilding Co.）订购建造的穹甲防护巡洋舰。作为致远级巡洋舰首舰的致远号，其排水量为2300吨，航速达18.5节，是北洋水师中速度最高的主力战舰。致远号和姊妹舰靖远号以及同时在德国订购的经远、来远号于1887年底完工并加入北洋水师。

1894年9月17日，中日甲午黄海海战爆发，致远号在弹药将尽且遭受重创后，管带（舰长）邓世昌[1]下令冲向日本舰队主力舰吉野号，欲与敌同归于尽，不幸被敌击中鱼雷发射管引发管内鱼雷爆炸沉没，全舰官兵246人为国殉难。清末书画家高邕[2]为其撰写了著名的挽联"此日漫挥天下泪，有公足壮海军威"。

致远舰在海战中受损严重，后续又在二战中遭到日本的多次破拆，沉舰大部已遭破坏。穹甲以上结构已经损毁，不存在完好的舱室，钢板、锅炉零件被抛离原来位置，唯存机舱及以下部分淤埋在泥沙之下。出于安全因素考虑以及文物保护的技术要求，水下调查并未对舱体内进行大规模抽沙。具体舱体结构以及舱内埋藏文物情况尚待日后更系统的水下考古发掘工作。

---

　　[1] 邓世昌（1849年10月4日~1894年9月17日），汉族，原名永昌，字正卿，广东广府人，原籍广东番禺县龙导尾乡（广州市海珠区），清末北洋水师将领、中国民族英雄。1894年中日甲午战争时为致远号巡洋舰管带（即舰长）。1894年9月17日在黄海海战中壮烈牺牲，谥壮节公，追封太子少保衔。那天是邓世昌45岁生日。有《甲午风云》《英雄邓世昌》《甲午大海战》等多部文学、影视、戏曲作品歌颂其英雄壮举，有墓冢、纪念馆等多处可供纪念、瞻仰、凭吊。

　　[2] 高邕（1850~1921年）近代书画家、鉴藏家。字邕之，号李盦，光绪乙酉（1885年）改号孟悔，甲午（1894年）中日海战之后改号聋公。别号清人高子、中原书丐、西泠字丐。网传光绪帝为邓世昌所作挽联"此日漫挥天下泪，有公足壮海军威"实为高邕所作。

历年水下考古调查获得的出水文物其材质有银、铜、铁、铅、石、木、骨、瓷、皮革、玻璃、橡胶等。参考器物的外形及用途，可归纳为70多个种类，用途涉及船体构件、武器弹药、机器配件、电器设备、工具材料、生活用品，等等。其中武器弹药包括11毫米加特林机枪及其枪架、6英寸阿姆斯特朗火炮炮弹头、210毫米主炮管残片、152毫米炮弹、57毫米炮弹、47毫米炮弹、37毫米炮弹、毛瑟枪子弹、鱼雷引信等。就数量占比而言，57毫米炮弹、37毫米炮弹、格林机关炮弹、毛瑟枪子弹比较多，与上述四种武器配置较多有关。此外还发现多枚马蒂尼·亨利步枪子弹[①]、左轮手枪子弹等武器，涵括致远舰所有的武器装备。生活用品包括汤匙、银锭、铜钱、致远舰制式瓷盘、鼻烟壶、茶杯、器盖、印泥盒、鞋底、皮带、木梳等。船体构件与船上用品包括单筒望远镜、大型截止阀、舷窗、栏杆柱、铜牌、电灯罩、衣帽钩、铜锁、滑轮、鼓皮、地砖等。多数出水文物器型规整、品相良好，具有较高的历史、科学、艺术和军事等价值。

一、武器弹药

致远舰遗址出水武器弹药共138件（套），材质包括铜质、铁质、铅质及其复合材质。其中铜器较铁器耐腐蚀，受海水影响小，铜器整体保存状况较好，大部分文物表面附着有凝结物及锈蚀，现将代表性文物逐一介绍。

1. 加特林机枪和托架

11毫米加特林机枪[②]1挺，文物编号2014DD：029，基本完好（图1.1）。有托架同时出水（图1.2），出水时表面覆盖生物遗骸及凝结物，机枪从炮口可见10个11毫米的枪眼。十根枪管在枪套中呈圆形排列，枪管为铁质、机枪为铜质。机枪上设有冷却水进、出水口。炮耳上有錾刻铭文，计三排："No""4781""1887"。4781为编号，1887为生产年份[③]。

旋转托架也是铜铁复合材质文物，功能上分为三个部位，上部为托架、中间为旋转轴、下部为安装架。

2. 阿姆斯特朗火炮炮弹头

6英寸阿姆斯特朗火炮炮弹头1件，文物编号2015DD：120，基本完好（图1.3）。炮弹头为铁

---

① 马蒂尼·亨利步枪的传奇历史始于美国马萨诸塞州的枪炮商亨利·皮博迪。1862年，皮博迪获得了后膛装填步枪的专利权，这种步枪采用起落式枪机，枪机下降时弹壳可以自动抛出，并且能够使下一发枪弹快速入膛。该枪采用简单的火枪式击锤击发方式而且必须手动待击。

② 加特林机枪是由美国人理查德·乔登·加特林（Richard Jordan Gatling，一译HYPERLINK, https://baike.so.com/doc/801018 847470.html，格林，故此枪也被译作格林机枪或盖特机枪/机炮）在1860年设计的手动型多管机关枪，是第一支实用化的机枪。1874年（清同治十三年）前后，加特林机枪输入中国，当时称其为"格林炮"或"格林快炮"。1963年经美国 HYPERLINK（https://baike.so.com/doc/4048689-4246851.html）通用电气公司改良后每分钟可发射600发子弹（HYPERLINK, https://baike.so.com/doc/6837863-7055112.html，M134型速射机枪）。它的尾部封闭并装有撞击火帽。射手通过摇动曲柄带动沿圆周均匀排列的枪管。其特点为射速快，威力大，并且可以在一分钟内打出上千发子弹。

③ 国家文物局考古研究中心、辽宁省文物考古研究院：《致远舰水下考古调查报告》，科学出版社，2023年。

图 1.1 11 毫米加特林机枪和托架（2014DD：029）

图 1.2 加特林机枪旋转托架

质，弹头圆锥形，头部光滑，弹体圆柱状，底部有一铜螺丝封堵。出水时表面附有一层黑色、红褐色凝结物，锈蚀较重。该炮弹为舷侧 6 英寸（合 152 毫米）口径的阿姆斯特朗火炮的炮弹头，为钢弹样式[①]。

3. 主炮管

主炮管残片 1 件，文物编号 2014DD：026，铁质，残损，锈蚀较轻（图 1.4）。出水时表面有一层凝结物，器物为 210 毫米口径克虏伯主炮的炮管残片，胎体厚重[②]。

0　　8 厘米

图 1.3 6 英寸阿姆斯特朗火炮炮弹头（2015DD：120）

图 1.4 克虏伯主炮管残片（2014DD：026）

---

① 阿姆斯特朗炮，口径 120 毫米，由英国阿姆斯特朗兵工厂制造，北洋水师的"扬威""超勇"二舰装备了该炮。曾在鸦片战争时期作为英国军舰的舰炮。

② 克虏伯主炮是一种舰载火炮。德国克虏伯公司制造，北洋水师的"平远"、日本联合舰队的"高千穗""浪速"装备了此种火炮。口径：260 毫米（10.2 英寸）；炮重：22 吨；身长：35 倍口径；膛长：8320 毫米；弹重：275 千克；初速：530 米 / 秒；有效射程：12200 米。

4. 哈乞开斯炮弹

57毫米哈乞开斯炮弹1件,文物编号2014DD：025,大体完好(图1.5)。铜铁复合材质,由弹头、药筒组成。弹头铁质,圆锥形,弹体修长,因锈蚀严重弹体已剥落掉一层。药筒为铜质,外部受水压变瘪,底火已失,底盖上留有五个固定底火的平头铆钉。该炮弹为57毫米哈乞开斯穿甲弹,采用的是钢弹头[1]。

5. 鱼雷引信

鱼雷引信1件,文物编号2015DD：068,基本完好(图1.6)。铜质外壳,出水时顶端的翅钢枪受海水腐蚀形成一团凝结块,保护修复后前部呈圆锥形,设有嵌入的卡槽,保险梢尚存。后端药筒呈细长管状,受水压而开裂,裂缝中可见药棉。

图1.5 57毫米哈乞开斯炮弹(2014DD：025)

图1.6 鱼雷引信(2015DD：068)

二、生活用品

致远舰遗址出水生活用品包括水烟袋、汤匙、银锭、铜钱、致远舰制式瓷盘、鼻烟壶、茶杯、器盖、印泥盒、鞋底、皮带、木梳等,涵括了金属质、有机质、无机非金属质多种材质类型,文物有断裂、锈蚀、残缺等病害,现将代表性文物简要介绍[2]。

1. 汤匙

汤匙1件,文物编号2015DD：106,基本完好(图1.7)。前端因磕碰有点卷曲,椭圆形勺体,细长柄。勺柄后端有圆形舰徽,图案有磨损。该汤匙与致远瓷盘配套使用。

---

① "哈乞开斯"包括37毫米、47毫米、57毫米五管速射炮,为法国著名武器设计师哈乞开斯设计,特许英国阿姆斯特朗公司制造。北洋海军装备该武器情况：定远舰、镇远舰各8门,济远舰9门,经远舰、来远舰各4门,平远舰2门,6艘镇字号炮舰舰各2门,"福龙"2门(后拆除换装单管37毫米速射炮),"左一"2门(后拆除换装单管37毫米速射炮和格林机枪),5艘"右一"各2门,小型杆雷/鱼雷艇"乾一、乾二"各1门。
② 国家文物局考古研究中心、辽宁省文物考古研究院：《致远舰水下考古调查报告》,科学出版社,2023年。

2. 银锭

银锭5件，文物编号2015DD：125（图1.8）。圆形锭，为五两的形制，3件完好，碎银2件，锭面较平，局部黏附有黑色附着物。

图 1.7 汤匙（2015DD：106）　　　　图 1.8 银锭（2015DD：125）

3. 铜钱

铜钱5种，文物编号分别为2015DD：012、2015DD：010、2015DD：030、2015DD：029、2015DD：011，完好（图1.9）。圆形方孔钱，正面印"乾隆通宝""光绪通宝""嘉庆通宝""道光通宝""宽永通宝"[①]，背面满文。

4. 致远舰舰徽白釉瓷盘

致远舰舰徽白釉瓷盘1件，文物编号2015DD：090，残损，可拼对大部分的器物（图1.10）。浅

图 1.9 铜钱　　　　　　图 1.10 致远舰舰徽白釉瓷盘（2015DD：090）

---

① 宽永通宝是日本历史上铸量较大、铸期较长、版别较多的一种钱币，同时也是流入我国数量较多的外国钱币之一。它始铸于日本第108代后水尾天皇，水户田町之富商佐藤新助向日本政府请铸宽永新钱。宽永三年，光背较为常见，另背有文字（背"文""元"字较多）星点、纪年、纪数（背"十六"较少）、纪地及波纹（当四钱）等。刚开始制造的宽永通宝的永字一般由"二和水"组成，称为"二水宽永"，传世较少。

盘形制，敞口，圆唇，宽平沿，浅弧腹，圈足较大且矮，胎体与釉面洁白光亮。胎体较薄，出水时器表粘附有藤壶。盘面有暗花，由英文字母及花纹组成。盘心图案为篆书"致远"二字，外圈为字母。口沿处饰一圈锦纹。原盘纹饰有描金，现因海水侵蚀仅留下纹饰印痕。盘底印有一枚小商标：由皇冠与圆形图案构成。该商标左侧被一戳印盖掉一部分。该商标为英国皇家伍斯特（Royal Worcester）瓷厂持有，以生产骨瓷（bone china）闻名于世。

5. 鼻烟壶

鼻烟壶1件，文物编号2015DD：006，口沿残缺（图1.11）。细直颈、鼓肩、扁平腹。腹近底内收，假

图1.11　鼻烟壶（2015DD：006）

圈足，平底。器壁极薄，胎体洁白，器表局部被沁成铁锈色。

6. 青花花卉诗文白釉瓷杯

青花花卉诗文白釉瓷杯1件，文物编号2015DD：088，残损一半（图1.12）。口沿外撇，尖唇，弧腹较深，圈足较小。外壁用青花题写诗句"萧萧坐爱千林间，西风起卧思郅友"，在口沿、圈足底部也点缀有一至两道青花色圈。青花发色纯正，器壁较薄，足根去釉，胎体洁白，玻璃质感强。

7. 青花器盖

青花器盖1件，文物编号2014DD：027，外形基本完好，口沿有崩口，内壁见一道冲线（图1.13）。子母口，直沿，弧形顶。器表用青花装饰，用十字花构成菱形锦纹，内填五彩十字花卉，五彩为地纹。内壁荡白釉，口沿处去釉。

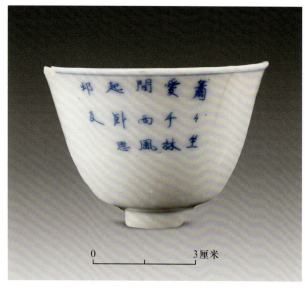

图1.12　青花花卉诗文白釉瓷杯（2015DD：088）

图1.13　青花器盖（2014DD：027）

8. 青花印泥盒

青花印泥盒1件，文物编号2015DD：114，残，缺盖，仅存盒子（图1.14）。盒身大部分可拼对。外观长方形，子母口，直壁，圈足底。四面盒身绘有青花纹饰，中部为花卉，两侧绕以卷草纹，卷草以双线勾勒。盒内残留有红色印泥痕。青花呈色浅蓝，口沿与足根处去釉，胎体灰白。

9. 木梳

木梳1件，文物编号2015DD：008，木质，残（图1.15）。弧背，梳齿大多尚在，齿尖而细长。

图1.14 青花印泥盒（2015DD：114）　　　　图1.15 木梳（2015DD：008）

三、船体构件与船上用品

1. 单筒望远镜

单筒望远镜1件，文物编号2016DD：001，大体完整（图1.16）。镜筒用铜皮制成，外观长筒形，水下发现时镜筒中间有挤压残破。尾端目镜为喇叭形口，设有防尘镜盖。前端物镜筒上刻有英文花体字，可辨识为"Chin Kin Kuai"，为致远舰大副陈金揆[1]的英文名字。陈金揆的职务仅次于管带邓世昌。

2. 截止阀

截止阀1件，文物编号2015DD：118，铜质，基本完好（图1.17）。三通结构，中空，内部有调节结构。圆柱形罐体，罐体上连接一弯头，口部带法兰盘。罐体两端各有一个开口，一端设计成法兰盘口，另一端设有截止阀，通过旋柄调节管内流量大小。器表布满铜锈，法兰盘接口处有裂缝。该截止阀应安装在锅炉主管道上。

3. 圆形舷窗

圆形舷窗1件，文物编号2016DD：008，铜质，大体完好，玻璃残碎（图1.18）。由外框、舷窗两部分组成。外框为环形，中部掏空，外框上一圈开有8个铆钉孔，钉头为六角形；外侧面的上端有一

---

[1] 陈金揆，江苏宝山人，留美幼童，毕业于天津水师学堂。

图 1.16　单筒望远镜（2016DD：001）

图 1.17　截止阀（2015DD：118）

个合页，连接舷窗；内侧面的下端装有一个带内牙的环形自攻螺栓，以便锁紧舷窗。舷窗亦为圆形，尺寸稍大于外框内径，正中开一圆形窗口，原安装有玻璃，现已碎裂，凹缝中残留有玻璃残片。该舷窗出水时粘附有大块凝结物。

4. 栏杆柱

栏杆柱1件，文物编号2016DD：006，铁质，基本完好（图1.19）。表面覆有一层凝结物，外观灰白色，局部红褐色。器型呈长圆柱形，上端为带一圆孔的扁平环，中间位置也呈环状带一圆孔，底端接一梯形的钢板。此栏杆柱一般安装于主甲板的四周边沿，上端与中端的圆孔可导入钢索，形成安全绳。底部的钢板可插入卡槽中，这样栏杆可快速拆卸。

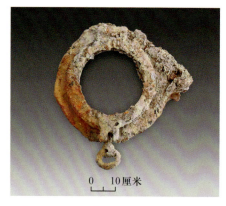

图 1.18　圆形舷窗（2016DD：008）

图 1.19　栏杆柱（2016DD：006）

图 1.20　鼓皮（2015DD：124）

5. 鼓皮

鼓皮1张，文物编号2015DD：124，残存一半（图1.20）。表面黑褐色，色泽不均。原物为鼓，仅存蒙皮。鼓面平，有磨蚀与局部起皱现象。鼓皮边沿有一周钉合的钉孔。

第二节　经远舰遗址与代表性文物

经远舰沉船遗址地处黄海海域，曾为1894年中日甲午海战时的交战海区。2018年7～9月经国家文物局批准，国家文物局考古研究中心、辽宁省文物考古研究院、大连市文物考古研究所联合组队，在辽宁大连庄河海域开展水下考古调查工作，搜寻、发现并确认了甲午海战北洋水师沉舰——经远舰。这是继致远舰之后，我国甲午海战遗迹水下考古工作获得的又一重大成果。2018年9月15日，考古队员在海床面以下5米处发现悬挂于舰舷外壁的木质鎏金"经远"舰名字牌，由此确证沉舰即为经远舰；还发现一块木牌，清晰书有"经远"二字。

经远舰是中国清朝北洋海军的重要战舰之一，由德国伏尔铿（Vulkan）造船厂建造，1887年1月3日下水，舰长82.4米（水位线），宽约12米，航速15.5节，主要武器包括克虏伯210毫米口径火炮2门，150毫米口径火炮2门。鱼雷发射管4具。经远舰于1887年底回国，当时作为致远舰的僚舰，入编北洋水师。著名将领邓世昌、林永升[①]分别出任两舰的管带（舰长）。

经远舰考古调查提取出土、出水了大量物品，包括铁、木、铜、铅、玻璃、陶瓷、皮革等各种材质，共确认出水文物513件/套。其中，有机质文物148件，以木质为主；金属文物334件，以铜质文物为主；无机非金属文物31件，以陶瓷文物为主。铁质品以底舱的梁架、肋骨、舷板为多见，木质品有甲板、舱室壁板、格扇门等，铜质品有炮弹、管材、舷窗等。个别文物标本还刻有德文铭牌（印证此舰由德国制造）。多数出水文物器型规整、品相良好，具有较高的历史、科学、艺术和军事等价值。

一、武器弹药

代表性文物包括：毛瑟步枪子弹、发火管、威布列（Webley）转轮手枪子弹、37毫米哈乞开斯速射炮弹、47毫米哈乞开斯速射炮弹等。此外，还发现53毫米格鲁森炮弹药筒、120毫米炮弹底火，这两类武器均不见于经远舰出厂档案，应属1894年甲午海战前紧急添置的武器装备，以加强艉部火力。

1. 毛瑟步枪子弹

毛瑟步枪子弹1件，文物编号2018ZHJYJ：119，基本完好（图1.21）。铜铅复合材质，由弹头和弹壳组成。弹头为铅质，圆锥形，子弹壳为铜质，弹体圆柱状。

2. 发火管

发火管1件，文物编号2018ZHJYJ：279，大体完好（图1.22）。铜质，锈蚀较轻，底部刻有"东

---

① 林永升（1853～1894年），字钟卿，汉族，福建侯官（今福州）人。福州船政学堂第一期毕业，参加了中国近代海军学校的第一次远航实习，周历南北洋。后以千总任福州船政学堂教习。1877年作为中国海军第一批留学生赴英国皇家海军学校深造，在英国海军装甲战列舰"马那多"号实习。回国后调入北洋升任守备、都司，曾任镇中舰管带，1887年赴英国接收经远舰，升任游击管带。北洋成军后升任左翼左营副将，后迁至总兵。林永升阵亡后，清政府以其在海战中"争先猛进，死事最烈"，照提督例从优议恤，并追赠太子少保。

图 1.21　毛瑟步枪子弹（2018ZHJYJ：119）

图 1.22　发火管（2018ZHJYJ：279）

局"二字。

3. 炮弹头

37毫米炮弹头1件，文物编号2018ZHJYJ：335，基本完好（图1.23）。炮弹头为铁质，弹头圆锥形，表面被凝结物及海洋生物覆盖，锈蚀严重。

4. 炮弹壳

47毫米炮弹壳1件，文物编号2018ZHJYJ：321，仅剩炮弹壳（图1.24）。铜质，弹体变形。

图 1.23　37 毫米炮弹头（2018ZHJYJ：335）

图 1.24　47 毫米炮弹壳（2018ZHJYJ：321）

二、生活用品

代表性文物包括：铜水烟袋、皮鞋底、麻将牌等。

1. 铜水烟袋

铜水烟袋1件，文物编号2018ZHJYJ：345，基本完好（图1.25）。铜质，烟管有变形，表面有纹饰，锈蚀较轻。

2. 皮鞋底

皮鞋底1件，文物编号2018ZHJYJ：502，大体完好（图1.26）。橡胶材质，有破损，表面有明显红色污染物。

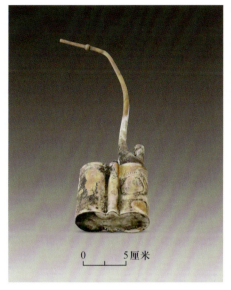

图 1.25 铜水烟袋（2018ZHJYJ：345）　　　　　　　图 1.26 皮鞋底（2018ZHJYJ：502）

3. 麻将牌

麻将牌1件，文物编号2018ZHJYJ：301，基本完好（图1.27）。正面为木质，表面有"八筒"纹饰，反面为竹质，两面由榫卯结构连接。

三、船体构件与船上用品

代表性文物包括：外壳列板构件、小锅炉、斜桁、大横肋、舷窗、舱门、铁甲堡衬木等舰体结构设施，铜螺丝、铜油灯、扳手、锉刀、信号灯玻璃、耐火砖、木签牌、马扎等舰上用品。

图 1.27 麻将牌（2018ZHJYJ：301）

1. 外壳列板构件

外壳列板构件1件，文物编号2018ZHJYJ：499，铁质文物，表面锈蚀严重，有残缺变形，长约4米，宽2米（图1.28）。

2. 小锅炉

小锅炉1件，文物编号2018ZHJYJ：492，铁质，有残缺破损，表面锈蚀严重（图1.29）。

图1.28　外壳列板构件（2018ZHJYJ：499）

图1.29　小锅炉（2018ZHJYJ：492）

3. 铜螺丝

铜螺丝1件，文物编号2018ZHJYJ：323，基本完好，铜质，表面有锈蚀（图1.30）。

4. 铜油灯

铜油灯1件，文物编号2018ZHJYJ：349，残损（图1.31）。铜质，包括灯盖和灯身，灯身变形残缺，表面有污染物，锈蚀严重。

图1.30　铜螺丝（2018ZHJYJ：323）

图1.31　铜油灯（2018ZHJYJ：349）

5. 扳手

扳手1件，文物编号2018ZHJYJ：416，基本完好（图1.32）。铁质，表面锈蚀严重。

6. 锉刀

锉刀1件，文物编号2018ZHJYJ：437，基本完好（图1.33）。铁质，表面锈蚀严重。

图 1.32　扳手（2018ZHJYJ：416）　　　　图 1.33　锉刀（2018ZHJYJ：437）

7. 信号灯玻璃

信号灯玻璃2件，文物编号2018ZHJYJ：370，基本完好（图1.34）。玻璃质，弧形2件，厚约1.4厘米。

8. 耐火砖

耐火砖2件，文物编号2018ZHJYJ：389，有残损，表面附着少量海洋生物（图1.35）。

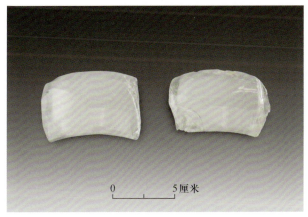 

图 1.34　信号灯玻璃（2018ZHJYJ：370）　　　图 1.35　耐火砖（2018ZHJYJ：389）

9. 木签牌

木签牌1件，文物编号2018ZHJYJ：300，基本完好（图1.36）。木质，正面有"经远"二字，反面有："经、远、二、右、水、班"六字。

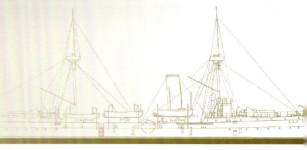

第二章　金属文物科学分析

第一节　铁器分析研究

一、样品概况

根据致远舰、经远舰沉船遗址出水铁质文物样品状况，共选取样品21件，见表2.1，以舰体构件和舰上工具用品为主。在取样过程中，尽量对不同类别器物分别取样；同一类别器物尽量选取不同形制、风格的多件器物进行取样，以增强样品的代表性。采取金相组织分析和合金成分分析的方法，对两艘船的构件和船载工具用品进行分析，结合文献研究，了解19世纪末欧洲的钢铁制造技术和穿甲防护造船技术。根据铁器出水和保存状况，严格遵循最小损伤原则在器物的残断或毛茬处取样。

表2.1　致远舰、经远舰出水铁质文物取样表　　　　　　（单位：件）

船舰名称	舰体构件	武器弹药	舰上工具用品	生活用品	共计
致远舰	1	2			3
经远舰	6		12		18

（一）致远舰出水铁质文物样品概况

本次研究共选取致远舰铁器样品3件，分别为武器弹药2件和舰体构件1件，见表2.2。

表2.2　致远舰出水铁质文物取样表

序号	文物编号	文物名称	取样部位
1	2015DD：055	炮弹碎片	残断处
2	2016DD：012	铁铆钉	毛茬
3	2015DD：146	开花弹弹头引信	毛茬

（二）经远舰出水铁质文物样品概况

经远舰出水铁质文物以舰体结构设施和舰上工具用品为主，包括船舰围栏、舷窗、锅炉配件、管道、扳手、吊环、连接件等。本次分析共选取经远舰铁质文物样品18件（表2.3），其中螺栓1件，工具5件，舰体构件7件，围栏杆2件，连接杆2件，吊环1件，见图2.1。

表2.3 经远舰出水铁质文物取样表

序号	文物编号	文物名称	取样部位	序号	文物编号	文物名称	取样部位
1	2018ZHJYJ：424	方螺栓	断茬	10	2018ZHJYJ：404	8字形吊环	断茬
2	2018ZHJYJ：393	船载工具	断茬	11	B471：JYJ	铁构件	断茬
3	2018ZHJYJ：411	扳手	断茬	12	B301：JYJ	围栏杆（空心）	断茬
4	2018ZHJYJ：435	凿子	断茬	13	B288：JYJ	围栏杆（实心）	断茬
5	2018ZHJYJ：428	法兰盘	断茬	14	B472：JYJ	铁管（锅炉管道）	断茬
6	2018ZHJYJ：437	锉刀	断茬	15	B422：JYJ	外壳板残件	断茬
7	2018ZHJYJ：462	外壳板残件	断茬	16	B312：JYJ	角铁	断茬
8	2018ZHJYJ：441	连接件	断茬	17	B455：JYJ	角铁	断茬
9	2018ZHJYJ：479	铁窗边框	断茬	18	2018ZHJYJ：488	连接杆	断茬

1

2

3

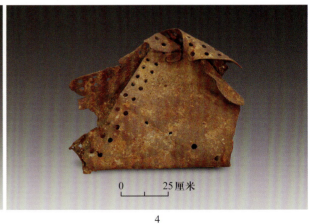

4

5

6

图 2.1 经远舰部分取样铁器照片

1.方螺栓（2018ZHJYJ：424） 2.船载工具（2018ZHJYJ：393） 3.铁窗边框（2018ZHJYJ：479） 4.外壳板残件（B422：JYJ）

5.8字形吊环（2018ZHJYJ：404） 6.铁管（锅炉管道）（B472：JYJ）

二、分析方法

金属材料微观形貌的分析是获取器物的材质及制作技术信息的重要手段。通过科学分析揭示器物材质和制作技术，尝试对船体构件和武器生产技术进行重建。为提取上述这些技术信息，对所采集的样品进行了金相组织分析。使用冷镶法镶制样块，经打磨和抛光处理，以4%硝酸酒精溶液浸蚀，使用Leica DM4 M金相显微镜（莱卡公司，德国）观察样品的金相组织和夹杂物形态。经重新抛光后，将其置于飞纳Phenom WORLDt台式扫描电子显微镜下进行微观形态观察与成分分析，选取无锈或少锈的区域进行测定，成分分析的激发电压为15kV，扫描时间大于60秒。

三、金相组织分析

（一）致远舰出水铁质文物金相组织分析结果

金相组织分析结果表明（表2.4），此次分析的致远舰出水铁质文物均经历了正火热处理，正火温度过高（图2.2）。铁铆钉基体内部沿晶界分布着为粗大网状及针状渗碳体，系过共析钢正火过热组织；武器弹药类器物为中碳碳素钢正火制作，组织均由大量的片状珠光体和成条块状析出，连成网状铁素体组成，部分转化为魏氏组织。魏氏体组织是正火温度过高的中碳碳素钢组织，推测与由炮弹、武器在爆炸时释放的巨大热能有关，导致短时间内包裹火药的载体迅速升温，形成魏氏组织[①]。

表2.4 致远舰出水铁器金相组织观察结果

文物名称	文物编号	取样位置	显微组织	图号
炮弹碎片	2015DD：055	残断处	深色为片状珠光体，白色为铁素体，铁素体大部分沿奥氏体晶界析出，部分在奥氏体晶粒内成条状或针状析出，呈魏氏组织状态，系正火温度过高的中碳碳素钢组织，有较多单相夹杂物。这种组织不但容易增加切削的难度，在以后淬火时也容易产生组织不均匀、过热组织、变形量大等缺陷	图2.2，1
铁铆钉	2016DD：012	毛茬	珠光体组织，基体为片状珠光体，白色沿晶界分布的为粗大网状及针状渗碳体，晶粒较粗大，由于加热温度过高，部分铁素体呈针状向晶内延伸，构成魏氏组织，内有少量单相夹杂物，系过共析钢的过热组织	图2.2，2
开花弹弹头引信	2015DD：146	毛茬	珠光体组织，基体组织由片状珠光体和白色网状铁素体组成，内有少量硫化锰夹杂和单相硅酸盐夹杂物，铁素体沿晶界呈条块状析出，连成网状，属于中碳碳素钢的正火组织	图2.2，3 图2.2，4

---

① 魏氏组织是指在焊接的过热区内，由于奥氏体晶粒长得非常粗大，这种粗大的奥氏体在较快的冷却速度下会形成一种特殊的过热组织，其组织特征为在一个粗大的奥氏体晶粒内会形成许多平行的铁素体（渗碳体）针片，在铁素体针片之间的剩余奥氏体最后转变为珠光体，这种过热组织称为铁素体（渗碳体）魏氏组织。

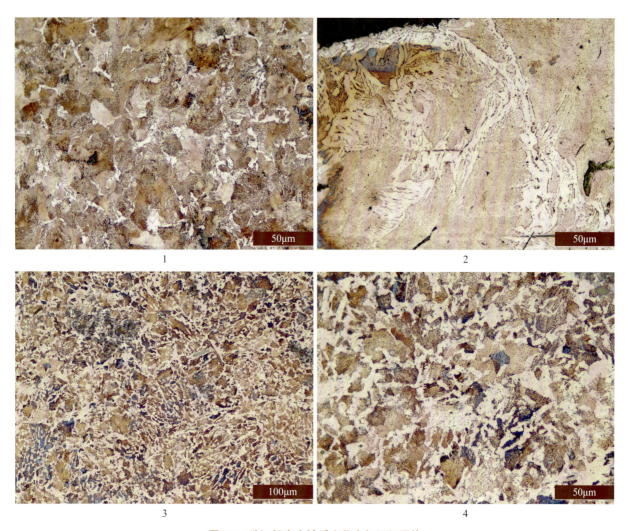

图 2.2　致远舰出水铁质文物金相组织照片

1. 炮弹碎片（2015DD：055）金相组织照片（500×）　2. 铁铆钉（2016DD：012）金相组织照片（500×）
3. 开花弹弹头引信（2015DD：146）（200×）　4. 开花弹弹头引信（2015DD：146）（500×）

（二）经远舰出水铁质文物金相组织分析结果

金相组织分析结果表明，经远舰的舰体构件以及出水的舰上工具用品的材质与加工工艺呈现出多样化的特征，有正火、热轧、退火、球化退火、淬火、回火等多种组织形态，舰体构件材质以低碳碳素钢为主，以及部分低合金结构钢；船舰使用的工具材质包括低碳碳素钢、中碳碳素钢、高碳碳素钢三类[①]，并能够成熟地根据器物使用需求和机械性能选择不同的金属处理加工手段（图 2.3；表 2.5）。

---

① 低碳碳素钢、中碳碳素钢、高碳碳素钢是钢含碳素量的三种分类。碳素结构钢板是指含碳小于 0.8% 的碳素钢，这种钢中所含的硫、磷及非金属夹杂物比碳素结构钢少，机械性能较为优良。低碳钢（C≤0.25%）、中碳钢（C 为 0.25% ~ 0.6%）和高碳钢（C＞0.6%）。

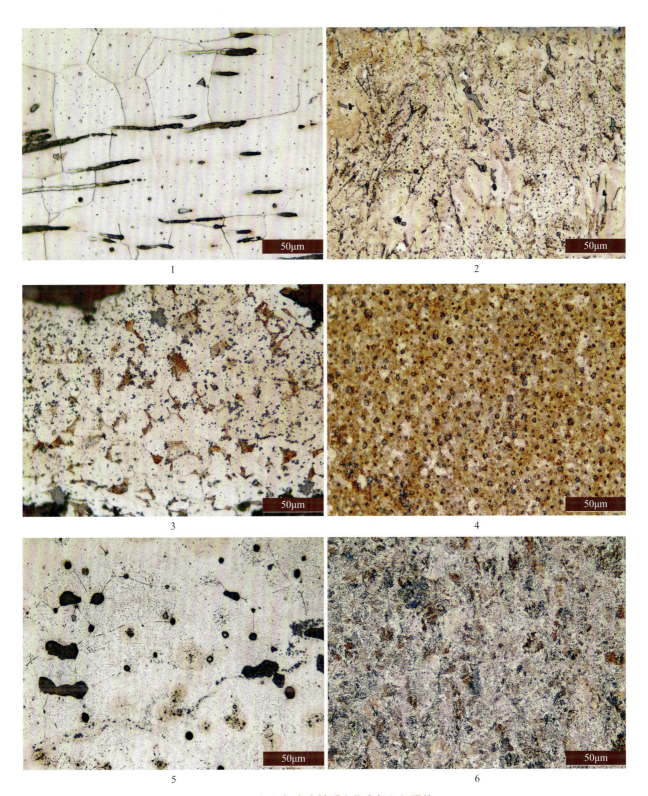

图 2.3 经远舰出水铁质文物金相组织照片

1. 方螺栓（2018ZHJYJ：424）（500×） 2. 船载工具（2018ZHJYJ：393）（500×） 3. 扳手（2018ZHJYJ：411）（1000×）

4. 凿子（2018ZHJYJ：435）（500×） 5. 法兰盘（2018ZHJYJ：428）（500×） 6. 锉刀（2018ZHJYJ：437）（500×）

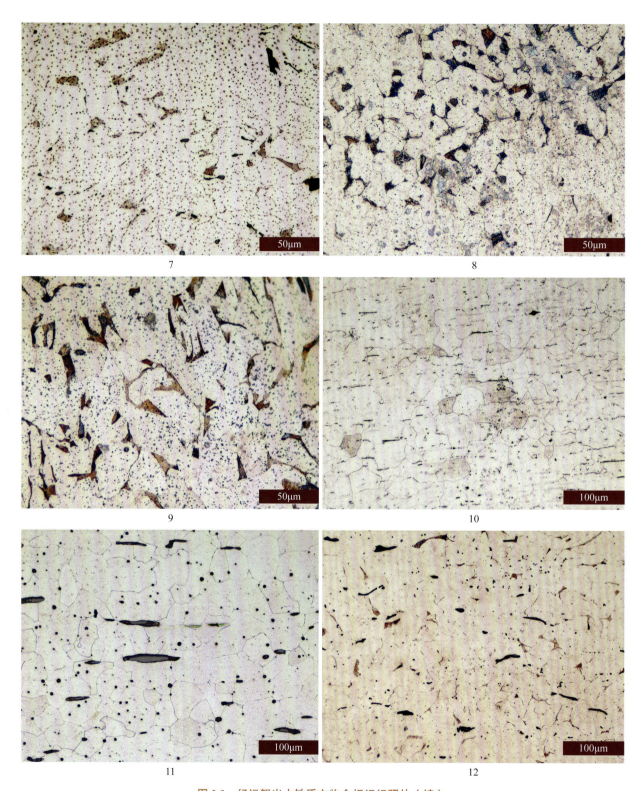

图 2.3　经远舰出水铁质文物金相组织照片（续）

7. 外壳板残件（2018ZHJYJ：462）（500×）　8. 连接件（2018ZHJYJ：441）（500×）　9. 铁窗边框（2018ZHJYJ：479）（500×）

10. 8 字形吊环（2018ZHJYJ：404）（500×）　11. 铁构件（B471：JYJ）（200×）　12. 围栏杆（空心）（B301：JYJ）（200×）

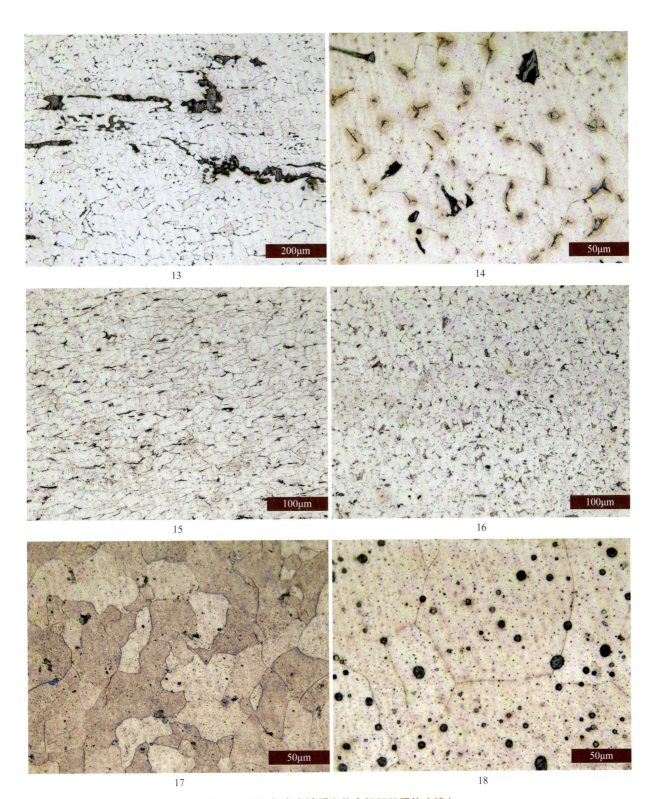

图 2.3 经远舰出水铁质文物金相组织照片（续）

13. 围栏杆（实心）（B288：JYJ）（200×） 14. 铁管（锅炉管道）（B472：JYJ）（500×） 15. 外壳板残件（B422：JYJ）（200×）

16. 角铁（B312：JYJ）（200×） 17. 角铁（B455：JYJ）（500×） 18. 连接杆（2018ZHJYJ：488）（500×）

表2.5 经远舰出水铁器金相组织观察结果

序号	文物名称	文物编号	显微组织	图号
1	方螺栓	2018ZHJYJ：424	基体为均一的等轴铁素体组织，较多单相夹杂物沿加工方向变形拉长；其上的黑色小点为碳化物；多边形小方块为浮凸组织；系热轧的低碳碳素钢	图2.3，1
2	船载工具	2018ZHJYJ：393	球粒状珠光体及粗片状珠光体，部分渗碳体呈棱角形分布。由于退火温度偏高，导致渗碳体长大成棱角形，以及部分渗碳体发生溶解，因而在冷却过程中析出片状珠光体；有较多复相夹杂物沿加工方向拉长，并伴有变形的硫化锰夹杂物，系典型的球化退火过热的高碳钢	图2.3，2
3	扳手	2018ZHJYJ：411	基体为铁素体和少量深色细片状珠光体组织，珠光体于晶界析出，较均匀分布其上的黑色小点为碳化物；沿加工方向的条状氧化亚铁—硅酸盐复相夹杂物，系正火处理的低碳钢	图2.3，3
4	凿子	2018ZHJYJ：435	马氏体属隐晶状，深色团状为屈氏体，白色细小颗粒为碳化物，碳化物粒子较细；内有较多单相夹杂物；组织较均匀一致，系淬火、回火的高碳工具钢	图2.3，4
5	法兰盘	2018ZHJYJ：428	基体为均一的等轴铁素体晶粒，晶界不明显；较多小球状单相夹杂物，并伴有树枝晶氧化亚铁—铁橄榄石型硅酸盐夹杂；系热轧的低碳碳素钢	图2.3，5
6	锉刀	2018ZHJYJ：437	基体为白色网状铁素体和粗片状珠光体，晶粒较小；内有小球状单相夹杂物；大量粒状渗碳体分布，系球化退火的中碳钢	图2.3，6
7	外壳板残件	2018ZHJYJ：462	基体为铁素体和少量深色细片状珠光体组织，珠光体于晶界析出，较均匀分布；伴有大量小球状单相夹杂物；系低合金结构钢的球化不良组织	图2.3，7
8	连接件	2018ZHJYJ：441	基体为铁素体和块状分布的珠光体组织，略呈带状分布趋势，较均匀分布；伴有点状硫化锰夹杂，系低合金结构钢的热轧退火组织	图2.3，8
9	铁窗边框	2018ZHJYJ：479	铁素体组织，晶界存在网状三次渗碳体和少量片状珠光体；少量复相夹杂物；系退火的低碳碳素钢	图2.3，9
10	8字形吊环	2018ZHJYJ：404	基体为铁素体和块状分布的珠光体组织，略呈带状分布趋势，较均匀分布，其上的小点为点状珠光体；伴有复相夹杂物，硅酸盐玻璃相基体上分布着氧化亚铁颗粒；系低合金结构钢的热轧退火组织	图2.3，10
11	铁构件	B471：JYJ	基体为铁素体和球粒状珠光体，组织略呈变形方向分布；较多条状硫化锰夹杂；系球化退火处理的中碳钢	图2.3，11
12	围栏杆（空心）	B301：JYJ	基体为均一的等轴铁素体晶粒，可见明显黑色曲折线条为晶界；小球状单相夹杂物，同时有沿加工方向拉长的树枝晶状氧化亚铁—铁橄榄石型硅酸盐夹杂；系低碳碳素钢	图2.3，12
13	围栏杆（实心）	B288：JYJ	基体为铁素体和珠光体，细片状珠光体于晶间分布，条状复相硅酸盐夹杂和单相夹杂物沿一定方向被拉长；系正火的低碳钢	图2.3，13
14	铁管（锅炉管道）	B472：JYJ	铁素体组织，晶界处分布着网状的三次渗碳体和少量片状珠光体；内有复相夹杂物，硅酸盐玻璃相基体上岛屿状分布着氧化亚铁颗粒，铁高硅低；系退火的低碳钢。当三次渗碳体包围铁素体晶粒达三分之二时，会使晶界变脆	图2.3，14

续表

序号	文物名称	文物编号	显微组织	图号
15	外壳板残件	B422：JYJ	基体为铁素体和均匀分布的球状三次渗碳体，黑色细网状线条为晶粒晶界线；系退火处理的低碳钢。当碳含量很低的低碳钢在退火冷却通过共析温度727℃时，会从铁素体中析出球粒状碳化物，即三次渗碳体	图2.3，15
16	角铁	B312：JYJ	基体为铁素体和珠光体，晶间可见细片珠光体和少量三次渗碳体，铁素体晶粒细小；带状单相夹杂物以及条状硫化锰夹杂物沿一定方向被拉长；系正常退火的低碳钢	图2.3，16
17	角铁	B455：JYJ	基体为铁素体，晶间可见细小的细片状珠光体和少量粒状、条状三次渗碳体；条状硫化锰夹杂物沿一定方向被拉长；系正常退火的低碳钢	图2.3，17
18	连接杆	2018ZHJYJ：488	基体为均一的等轴铁素体组织，晶粒较大可见明显黑色曲折线条为晶界；大量球状单相和条状复相夹杂物，硅酸盐玻璃相上分布着岛屿状氧化亚铁颗粒；系低碳碳素钢	图2.3，18

　　钢的正火是将钢加热到固溶体全部为 γ 奥氏体的温度，经保温后获得细珠光体的热处理工艺，是最经济简单的一种热处理，能够使晶粒细化、组织均匀，经远舰出水的扳手、实心围栏的金相组织均呈现正火加工形态，组织致密，符合器物使用的性能要求。此外，角铁、外壳板残件、铁窗边框等舰体构件的制作均进行了退火加工，经过退火处理后，粗大的组织转变为细小的等轴铁素体和珠光体，使得作为舰体构件使用的钢材强度和韧性都大大提高。船舰出水工具的制作采用了多样的热处理工艺。方螺栓、法兰盘和围栏杆组织内可见条状硫化锰夹杂物沿一定方向被拉长，推测为热轧制作而成，硫含量的提高能够让钢材具有更好的切削性能，便于热轧加工，适用于螺栓、家庭用具的制作。船载工具和锉刀的材质分别为高碳素钢和中碳素钢，组织易形成大量片状珠光体。由于片状珠光体基体的渗碳体呈细片状，硬度也较高，容易发生脆断，而球粒状珠光体容易接受变形，不易折断。作为切削和打磨工具使用的船载工具和锉刀需要具备较高的韧性和塑性，金相组织表明其进行了球化退火处理，大大改善了金属的机械性能。作为高碳工具钢的凿子经过淬火和回火发生奥氏体相变，大幅提高了钢的刚性、硬度、耐磨性、疲劳强度以及韧性（表2.6）。

表2.6 经远舰出水铁器材质与工艺特征

文物名称	文物编号	材质	工艺
方螺栓	2018ZHJYJ：424	低碳碳素钢	热轧
船载工具	2018ZHJYJ：393	高碳碳素钢	球化退火过热
扳手	2018ZHJYJ：411	低碳碳素钢	正火处理
凿子	2018ZHJYJ：435	高碳工具钢	淬火、回火
法兰盘	2018ZHJYJ：428	低碳碳素钢	热轧
锉刀	2018ZHJYJ：437	中碳碳素钢	球化退火
外壳板残件	2018ZHJYJ：462	低合金结构钢	球化不良
连接件	2018ZHJYJ：441	低合金结构钢	热轧退火
铁窗边框	2018ZHJYJ：479	低碳碳素钢	退火
8字形吊环	2018ZHJYJ：404	低合金结构钢	热轧退火组织
铁构件	B471：JYJ	中碳碳素钢	球化退火处理

续表

文物名称	文物编号	材质	工艺
围栏杆（空心）	B301：JYJ	低碳碳素钢	热轧
围栏杆（实心）	B288：JYJ	低碳碳素钢	正火热轧
铁管（锅炉管道）	B472：JYJ	低碳碳素钢	退火
外壳板残件	B422：JYJ	低碳碳素钢	退火
角铁	B312：JYJ	低碳碳素钢	退火
角铁	B455：JYJ	低碳碳素钢	退火
连接杆	2018ZHJYJ：488	低碳碳素钢	热轧

四、合金成分分析

（一）致远舰出水铁质文物扫描电镜能谱分析结果

1. 基体扫描电镜能谱分析结果

具体分析结果详见表2.7。

表2.7　致远舰出水铁质文物元素分析结果　　　　　　　　（wt%）

文物名称	文物编号	Fe	Mn	Si	S	P	Na	Mg	Al	K	Ca
炮弹碎片	2015DD：055	99.91	0.09	—	—	—	—	—	—	—	—
铁铆钉	2016DD：012	99.28	0.55	0.15	0.01	—	—	—	—	—	—
开花弹弹头引信	2015DD：146	99.23	0.61	0.13	0.02	—	—	—	—	—	—

2. 夹杂物扫描电镜能谱分析结果

通过分析夹杂物的形貌特征和元素成分有助于判断铁器的制作工艺。测定夹杂物成分选用扫描电镜能谱仪无标样成分分析方法，仪器为飞纳Phenom WORLDt台式扫描电子显微镜，成分分析的激发电压为15kV，扫描时间大于60秒。为了能够比较客观准确地反映夹杂物成分，选择相对大块的夹杂物进行成分分析。

（1）硫化锰类夹杂物

具体分析结果详见表2.8。

表2.8　致远舰出水铁质文物硫化物夹杂元素分析结果　　　　　　（wt%）

文物名称与编号	扫描部位	Mn	S	Fe	Cu	Ca	Na	Mg	K	Al	Si	P
铁铆钉 （2016DD：012）	硫化锰夹杂物	52.80	29.06	17.48	0.01	—	—	—	—	0.05	0.25	0.35
开花弹弹头引信 （2015DD：146）	硫化锰夹杂物	62.84	29.60	7.34	0.20	0.02	—	—	—	—	—	—
		59.94	33	6.36						0.08	0.28	0.34

（2）铁硅酸盐夹杂物

具体分析结果详见表2.9。

表2.9　致远舰出水铁质文物铁硅酸盐夹杂物元素分析结果　　　　　（wt%）

文物名称与编号	扫描部位	Fe	O	Mn	Si	Na	Mg	K	Ca	Al	S	P
炮弹碎片 （2015DD：055）	单相夹杂物	88.76	11.16		0.01	—	—	0.03	0.05	—	—	—
	单相夹杂物	82.66	17.12	0.2	—	—	—	0.03		—	—	—
铁铆钉 （2016DD：012）	单相夹杂物	88.91	9.51	0.41	0.51	0.06	0.03	0.03		—	—	—
	单相夹杂物	91.91	7.24	0.40	0.12	—	—	0.07	0.06	—	0.10	0.10
开花弹弹头引信 （2015DD：146）	单相夹杂物	66.51	33.27	0.94	0.28	—	—	—	—	—	—	—
	单相夹杂物	70.40	29.29	—	—	—	—	—	—	—	—	—

（3）铅颗粒夹杂物

具体分析结果详见表2.10。

表2.10　致远舰出水铁质文物铅颗粒夹杂元素分析结果　　　　　（wt%）

文物名称与编号	扫描部位	Pb	Fe	O	C	Sn	Ru	Pd	Si
铁铆钉（2016DD：012）	铅颗粒	55.11	25.99	9.4	3.67	3.34	1.01	0.87	0.61

致远舰为穿甲巡洋舰，由清政府向阿姆斯特朗公司订购打造，于1887年制作完成，与靖远、来远、经远等舰结伴回国。由于铁的化学性质活泼，铁质文物易受海水腐蚀，保存状况较差，此次分析器类仅涉及武器和工具两类。

炮弹碎片（2015DD：055）形状近三角形，表面光滑，内部可见用于填充火药的空腔，推测为大口径主炮所用的开花弹弹片，弹片壁厚1.2～2.2厘米，疑似来自敌方的炮弹[①]。分析结果表明，炮弹碎片（2015DD：055）材质为正火温度过高的中碳碳素钢，含少量单相夹杂物，几乎不含硫化锰夹杂，材质较纯净，含铁量达99.91%，正火温度过高佐证了炮弹爆炸受热的过程。

开花弹弹头引信（2015DD：146）形状呈圆锥体，锥体内口沿处带有螺纹，内藏有铜质引信，推测为小口径的定装弹。铁铆钉（2016DD：012）形状为圆头，头部直径3.5、杆径2.2厘米。开花弹弹头引信（2015DD：146）与铁铆钉（2016DD：012）的成分特征相似，均可见少量硫化锰夹杂和单相夹杂物，铁含量纯度不及炮弹碎片（2015DD：055），其中铁铆钉（2016DD：012）还发现了少量夹杂的铅颗粒，推测为原料引入。

（二）经远舰出水铁质文物扫描电镜能谱分析结果

1. 基体扫描电镜能谱分析结果

具体分析结果详见表2.11。

表2.11　经远舰出水铁质文物元素分析结果　　　　　（wt%）

文物名称	文物编号	Fe	Mn	Si	S	P	Na	Mg	Al	K	Ca
方螺栓	2018ZHJYJ：424	99.86	0.14	—	—	—	—	—	—	—	—
船载工具	2018ZHJYJ：393	99.02	0.81	0.08	—	—	—	—	—	—	—

---

①　国家文物局考古研究中心、辽宁省文物考古研究院：《致远舰水下考古调查报告》，科学出版社，2023年。

文物名称	文物编号	Fe	Mn	Si	S	P	Na	Mg	Al	K	Ca
扳手	2018ZHJYJ：411	96.72	0.44	0.68	0.42	0.42	0.13	0.28	0.33	0.23	0.15
凿子	2018ZHJYJ：435	97.44	0.15	2.25	0.11	0.05	—	—	—	—	—
法兰盘	2018ZHJYJ：428	99.43	0.05	—	—	0.12	—	—	—	—	0.05
锉刀	2018ZHJYJ：437	99.52	0.45	—	—	—	—	—	—	0.03	—
外壳板残件	2018ZHJYJ：462	99.52	0.37	—	0.11	—	—	—	—	—	—
连接件	2018ZHJYJ：441	99.92	0.06	—	—	—	—	—	—	—	0.02
铁窗边框	2018ZHJYJ：479	100.00	—	—	—	—	—	—	—	—	—
8字形吊环	2018ZHJYJ：404	96.69	0.62	0.85	0.34	0.35	0.20	0.24	0.39	0.07	0.05
铁构件	B471：JYJ	99.46	0.33	—	—	—	—	—	—	—	—
围栏杆（空心）	B301：JYJ	99.62	—	—	0.10	0.25	—	—	—	—	0.03
围栏杆（实心）	B288：JYJ	99.29	0.71	—	—	—	—	—	—	—	—
铁管（锅炉管道）	B472：JYJ	99.74	0.13	—	—	0.13	—	—	—	—	—
外壳板残件	B422：JYJ	99.73	0.27	—	—	—	—	—	—	—	—
角铁	B312：JYJ	99.19	0.34	—	0.15	0.09	—	—	—	0.03	—
角铁	B455：JYJ	99.26	0.41	—	0.15	0.14	—	—	—	0.03	0.02
连接杆	2018ZHJYJ：488	99.74	—	—	—	0.04	—	—	—	0.03	0.03

2. 夹杂物扫描电镜能谱分析结果

（1）硫化锰类夹杂物

具体分析结果详见表2.12。

表2.12　经远舰出水铁质文物硫化物夹杂元素分析结果　　　　　　　　（wt%）

文物名称与编号	扫描部位	Mn	S	Fe	Cu	Ca	Na	Mg	K	Al	Si	P
船载工具 （2018ZHJYJ：393）	硫化锰夹杂物	55.58	31.59	4.93	0.11	—	—	—	—	0.15	0.33	0.36
外壳板残件 （2018ZHJYJ：462）	硫化锰夹杂物	52.91	31.53	14.13	0.18	—	—	—	—	—	0.15	0.19
	硫化锰夹杂物	46.63	27.34	25.57	—	—	—	—	0.02	—	0.27	0.18
连接件 （2018ZHJYJ：441）	硫化锰夹杂物	47.88	32.57	18.29	0.12	—	—	—	—	0.08	0.22	0.30
铁构件（B471：JYJ）	硫化锰夹杂物	49.26	17.39	32.81	0.18	—	—	—	—	—	—	0.37
角铁（B312：JYJ）	硫化锰夹杂物	56.54	28.52	14.48	0.08	—	—	—	—	—	0.09	0.20
角铁（B455：JYJ）	硫化锰夹杂物	55.98	30.54	13.17	—	—	—	—	—	—	0.11	0.19

（2）铁硅酸盐夹杂物

经远舰出水铁质文物铁硅酸盐夹杂物（图2.4）具体分析结果详见表2.13。

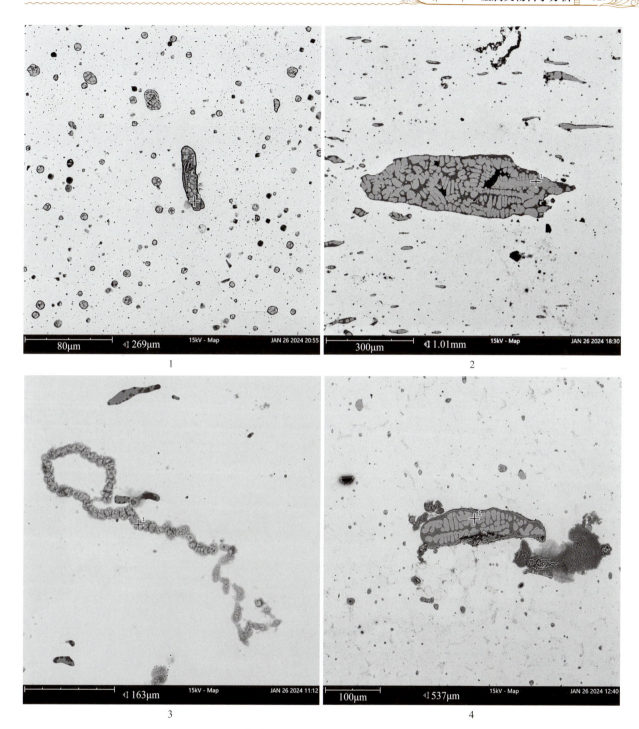

图 2.4　经远舰出水铁质文物铁硅酸盐夹杂物 BSE 照片

1. 连接杆（2018ZHJYJ：488）氧化亚铁夹杂物　2. 围栏杆（空心）（B301：JYJ）复相夹杂物（树枝晶状氧化亚铁—铁橄榄石型
   硅酸盐夹杂）　3. 围栏杆（实心）（B288：JYJ）单相夹杂物　4. 铁管（锅炉管道）（B472：JYJ）树枝晶状氧化亚铁硅酸盐夹杂

表 2.13　经远舰出水铁质文物铁硅酸盐夹杂物元素分析结果　（wt%）

文物名称与编号	扫描部位	Fe	O	Mn	Si	Na	Mg	K	Ca	Al	S	P
方螺栓 （2018ZHJYJ：424）	单相夹杂物	67.20	21.04	1.42	0.52	—	—	0.11	0.22	—	0.23	9.25
	单相夹杂物	51.00	30.83	2.21	0.80		—	0.11			0.29	14.57
	单相夹杂物	51.87	36.91	1.40	0.26			0.04	0.15	—	0.13	9.26

续表

文物名称与编号	扫描部位	Fe	O	Mn	Si	Na	Mg	K	Ca	Al	S	P
连接杆（2018ZHJYJ：488）	复相夹杂物	77.92	18.28	3.63	0.07	—	—	—	—	—	0.05	0.05
船载工具（2018ZHJYJ：393）	复相夹杂物	77.64	18.40	—	3.17	—	—	0.17	0.25	—	—	0.37
扳手（2018ZHJYJ：411）	复相夹杂物	34.53	27.51	24.4	13.55	—	—	—	—	—	—	—
凿子（2018ZHJYJ：435）	单相夹杂物	85.67	12.23	0.08	0.48	—	—	0.11	0.06	—	0.18	0.19
	单相夹杂物	83.16	16.70	—	0.13	—	—	—	—	—	—	—
法兰盘（2018ZHJYJ：428）	复相夹杂物	53.33	29.60	1.95	5.22	—	—	—	0.25	—	0.70	8.94
	单相夹杂物	71.62	27.14	—	0.35	—	—	0.04	0.16	—	—	0.43
锉刀（2018ZHJYJ：437）	单相夹杂物	53.14	24.78	21.75	—	—	—	—	—	—	0.33	—
铁窗边框（2018ZHJYJ：479）	复相夹杂物	28.80	35.67	14.55	18.92	—	—	0.05	0.34	0.81	0.07	0.79
8字形吊环（2018ZHJYJ：404）	硅酸盐玻璃相基体	4.32	48.43	2.88	43.15	—	—	0.04	0.07	0.50	0.25	0.20
围栏杆（空心）（B301：JYJ）	单相夹杂物	76.53	21.54	1.71	—	—	—	—	—	—	—	—
	复相夹杂物	78.84	20.41	0.72	—	—	—	—	—	—	—	0.03
围栏杆（实心）（B288：JYJ）	复相夹杂物	28.88	31.90	19.65	18.47	—	—	—	—	1.10	—	—
	单相夹杂物	63.80	36.20	—	—	—	—	—	—	—	—	—
铁管（锅炉管道）（B472：JYJ）	复相夹杂物	81.68	13.45	3.85	0.14	—	—	0.10	0.18	—	0.21	0.26
	复相夹杂物	79.65	16.08	3.87	—	—	—	0.03	—	—	0.16	0.21
角铁（B312：JYJ）	单相夹杂物	76.32	23.44	0.20	—	—	—	—	—	—	0.05	—

（3）铜颗粒

具体分析结果详见表2.14。

表2.14　经远舰出水铁质文物铜颗粒夹杂元素分析结果　　　　　　　　　　（wt%）

文物名称与编号	扫描部位	Cu	Fe	Na	S	Ca
法兰盘（2018ZHJYJ：428）	铜颗粒	85.79	13.56	0.58	0.03	
	铜颗粒	86.65	12.73	—	—	0.06

采集样品的成分分析结果表明，经远舰所用钢材为含有少量锰元素的低合金钢。对样品的夹杂物进行成分和组织分析，可以看出夹杂物种类包括硫化锰夹杂物和硅酸盐夹杂物，部分可见铜颗粒。根据硅酸盐夹杂物的微观形貌特征，可以分为两类：第一类是单相夹杂物，以氧化铁、单相硅酸盐夹杂为主；第二类是复相夹杂物。复相夹杂物形态为树枝晶状氧化亚铁硅酸盐，铁高硅低，为典型的树枝晶状氧化亚铁—铁橄榄石型硅酸盐复相夹杂；形态或为硅酸盐玻璃相基体上分布着岛屿状的氧化亚铁颗粒。硫化锰夹杂物的形态、尺寸和分布特征对钢材性能具有双面影响，一方面硫元素能够提高合金钢的强度，减弱硫元素的不利影响；但同时硫化锰属于塑性夹杂物，冷却凝固过程中形成的大尺寸硫

化锰易发展成裂纹扩展源，破坏横向力学性能[1]。

五、小结

中日甲午黄海海战是全球进入蒸汽机装甲战舰时期的第一次大规模海战，蒸汽机、装甲的运用以及船舰的金属化是这个时期的标志性变化[2]。致远号巡洋舰是中国清朝北洋水师向英国阿姆斯特朗船厂订购建造的穹甲防护巡洋舰，为致远级巡洋舰的首舰。经远舰是中国清朝北洋海军的重要战舰之一，由德国伏尔铿（Vulkan）造船厂建造，是德国造船史上设计制造装甲巡洋舰的开始。

金相组织显示，舰体构件材质以低碳碳素钢为主，以及部分低合金结构钢；工具材质包括低碳碳素钢、中碳碳素钢、高碳碳素钢三类。在金属的工艺上，使用了正火、热轧、退火、球化退火、淬火、回火等多种热处理手段。

船板钢通常是指按照船级社造船规范生产的，用于制造远洋、沿海和内陆河流船体结构的专用热轧钢板[3]，应具有 Mn 含量高，C、S、P 含量低，微合金化的特点[4]。致远舰、经远舰所用钢材均为含有少量锰元素的低合金钢，见于外壳板、船体角铁、工具、铁质管材等，Mn 含量均小于0.9%，S、P 含量非常低，符合19世纪蒸汽机装甲战舰的技术特征，即使用铁素体加珠光体的碳锰低合金钢用以满足船板钢性能的要求。

第二节　铜器分析研究

一、样品概况

根据致远舰、经远舰沉船遗址出水铜质文物状况开展取样，共选取样品34件，见表2.15，包括舰体构件、武器弹药、舰上工具用品和生活用品四大类，武器弹药占比较大。在取样过程中，尽量对不同用途功能的器物分别取样；武器弹药尽量选取不同形制、尺寸、部位的器物进行取样。致远舰为巡洋舰的首舰，经远舰为僚舰，拟采取金相组织分析和合金成分分析的方法，对两艘船的舰体构件、武器弹药和生活用品进行分析，了解甲午海战中北洋水师的战略分工、舰船功能、武器配备。

表2.15　致远舰、经远舰出水铜质文物取样表　（单位：件）

船舰名称	舰体构件	武器弹药	舰上工具用品	生活用品	共计
致远舰	5	7	2	4	18
经远舰	2	10	2	1	16
					34

---

[1] 杨泽宇、王敏、李怡宏：《钢中MnS夹杂物对钢质量影响及控制研究进展》，《钢铁研究学报》2024年第36卷第6期。

[2] 范寅峻：《北洋海军沉舰铁质文物科技分析与功能研究》，山东大学硕士学位论文，2023年。

[3] 王哲：《微量Ce对FH40船板钢组织与性能的影响》，华北理工大学硕士学位论文，2020年。

[4] 王子超、曾杰、彭春霖等：《船板钢的成分性能要求及研究现状》，《鞍钢技术》2023年第6期。

（一）致远舰出水铜质文物样品概况

除铁质文物外，致远舰出水了大量铜质文物，可分为舰体构件、武器弹药、个人生活用品和工具四大类，炮弹种类规格较丰富，根据器物功能和尺寸规格分别取样，严格遵循最小损伤原则在器物的残断或毛茬处取样。本次分析共选取致远舰出水铜质文物样品18件，其中舰体构件3件，舰体附件（扶梯、管道等）2件，炮弹7件（37、47、57毫米哈乞开斯炮弹），个人生活用品4件，舰上用品工具2件（图2.5；表2.16）。

图2.5 致远舰部分取样铜器照片

1. 铜构件（2016DD：014） 2. 弹壳（2016DD：WBH2） 3. 多孔铜板（2016DD：005） 4. 毛瑟步枪子弹
（2015DD：013） 5. 铜扶梯（2015DD：070） 6. 开花弹弹头引信（2015DD：146）

表2.16 致远舰出水铜质文物取样表

序号	文物编号	文物名称	序号	文物编号	文物名称
1	2016DD：014	铜构件	10	2015DD：019	脚套
2	2016DD：WBH2	弹壳	11	2015DD：021	57毫米哈乞开斯炮弹底火盖
3	2015DD：040	炮弹药筒47毫米哈乞开斯炮	12	2015DD：041	开花弹头57毫米哈乞开斯炮
4	2016DD：005	多孔铜板	13	2015DD：142	长螺丝钉
5	2016DD：010	半圆形构件（罩）	14	2016DD：002	铜水烟弹
6	2015DD：053	皮带扣	15	2015DD：050	37毫米哈乞开斯炮弹筒
7	2015DD：054	铜箍	16	2015DD：070	铜扶梯
8	2015DD：031	单筒望远镜	17	2015DD：084	铜管（底部有松香）
9	2015DD：013	毛瑟步枪子弹	18	2015DD：146	开花弹弹头引信

（二）经远舰出水铜质文物样品概况

经远舰出水的金属文物以铜制品为主，大致分为武器弹药、个人生活用品和舰体管材三大类，以弹药为多。根据铜器出水和保存状况，严格遵循最小损伤原则在器物的残断或毛茬处取样。本次分析共选取经远舰出水铜质文物样品16件，其中武器弹药10件（37、47毫米炮弹壳），生活用品1件，工具构件2件，管材3件（管材本体及连接材料）（图2.6；表2.17）。

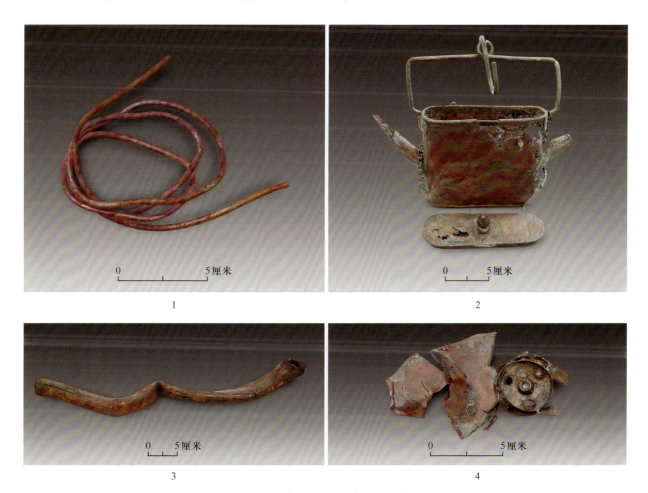

1

2

3

4

图2.6 致远舰部分取样铜器照片

1. 铜线（2018ZHJYJ：232） 2. 铜油灯（2018ZHJYJ：349） 3. 铜管（2018ZHJYJ：314） 4. 37毫米炮弹壳（2018ZHJYJ：233）

表2.17 经远舰出水铜质文物取样表

序号	文物编号	文物名称	序号	文物编号	文物名称
1	2018ZHJYJ：232	铜线	9	2018ZHJYJ：233	37毫米炮弹壳
2	2018ZHJYJ：349	铜油灯	10	2018ZHJYJ：167	37毫米炮弹壳
3	2018ZHJYJ：314	铜管焊接处	11	2018ZHJYJ：210	47毫米炮弹底部
4	2018ZHJYJ：314	铜管主体	12	2018ZHJYJ：167	37毫米炮弹壳
5	2018ZHJYJ：218	铜构件	13	2018ZHJYJ：207	47毫米炮弹壳
6	2018ZHJYJ：165	47毫米炮弹壳	14	2018ZHJYJ：352	47毫米炮弹壳（刻有编号1886，略厚）
7	2018ZHJYJ：168	37毫米炮弹壳	15	B817：JYJ	细管道（烟熏痕迹）
8	2018ZHJYJ：294	47毫米开花弹头铜皮壳（霰弹）	16	B815：JYJ	步枪子弹

二、分析方法

对所采集的样品进行金相组织分析。冷镶法制作样块，经打磨和抛光处理后以3%的三氯化铁盐酸酒精溶液浸蚀处理，使用Leica DM4 M金相显微镜（莱卡公司，德国）观察样品的金相组织和夹杂物形态。经重新抛光后，将其置于飞纳Phenom WORLDt台式扫描电子显微镜下进行微观形态观察与成分分析，选取无锈或少锈的区域进行测定，成分分析的激发电压为15kV，扫描时间大于60秒，以获取出水铜器的合金材质特征。

三、金相组织分析

致远舰出水铜器金相组织观察结果详见表2.18，金相分析结果表明，除铜构件（2016DD：014）、多孔铜板（2016DD：005）、开花弹弹头引信（2015DD：146）为铸造组织，其余皆为典型铸后热锻、铸后热锻冷加工组织，且器物材质和成型工艺具有相关性。铸造成型器物金相组织可见大量（α+δ）共析体，材质为锡黄铜或锡青铜；铸后热锻、热锻冷加工成型器物均不含人工添加的金属锡，以黄铜、铅黄铜为主（图2.7）。

表2.18 致远舰出水铜器金相组织观察结果

序号	文物名称	文物编号	显微组织	成形方式	图号
1	铜构件	2016DD：014	α固溶体偏析；大量岛屿状（α+δ）共析体；铅颗粒弥散分布；可见少量硫化物夹杂与铅伴生	铸造	图2.7，1
2	弹壳	2016DD：WBH2	α固溶体再结晶晶粒及孪晶，晶粒大小不均，明显变形；少量铅颗粒分布于晶间分布；伴有硫化物夹杂；可见大量滑移带	热锻＋冷加工	图2.7，2
3	炮弹药筒47毫米哈乞开斯炮	2015DD：040	α等轴晶和大量孪晶，晶粒大小不均；铅颗粒弥散均匀分布；可见少量硫化物夹杂；部分晶粒内可见滑移带	热锻＋冷加工	图2.7，3
4	多孔铜板	2016DD：005	α固溶体偏析，枝晶较大；岛屿状（α+δ）共析体分布于枝晶之间；铅颗粒弥散分布；可见少量硫化物夹杂与铅伴生	热锻	图2.7，4
5	半圆形构件	2016DD：010	α等轴晶和大量孪晶，晶粒大小均匀；铅颗粒较少；可见锈蚀的氧化铜颗粒分布于晶间	热锻	图2.7，5

续表

序号	文物名称	文物编号	显微组织	成形方式	图号
6	皮带扣	2015DD：053	α等轴晶和大量孪晶，晶粒大小均匀；铅颗粒弥散分布；可见少量硫化物夹杂与铅伴生；晶粒内可见大量滑移带	热锻+冷加工	图2.7，6
7	铜箍	2015DD：054	α等轴晶和大量孪晶，晶粒大小不均；铅颗粒较少；可见少量硫化物夹杂；锈蚀孔洞内有自由铜分布	热锻	图2.7，7
8	单筒望远镜	2015DD：031	α等轴晶和大量孪晶，晶粒大小均匀；少量铅颗粒分布；可见少量硫化物夹杂与铅伴生；晶粒内可见大量滑移带；孔洞内有自由铜分布	热锻+冷加工	图2.7，8
9	毛瑟步枪子弹	2015DD：013	α等轴晶和大量孪晶；少量铅颗粒分布于晶界，部分被变形拉长；样品边缘可见大量自由铜颗粒	热锻	图2.7，9
10	家具脚套	2015DD：019	由α+β+Pb相组成，β-相及铅相无明显方向性，等轴晶和大量孪晶；可见大量滑移带；大量自由铜填充于铅流失的孔洞之中	热锻+冷加工	图2.7，10
11	57毫米哈乞开斯炮弹底火盖	2015DD：021	α固溶体再结晶晶粒及孪晶，晶粒细小；少量硫化物夹杂沿加工方向变形拉长；局部可见滑移带	热锻+冷加工	图2.7，11
12	开花弹头57毫米哈乞开斯炮	2015DD：041	α等轴晶和大量孪晶，晶粒大小均匀；零星铅颗粒分布；点状硫化物夹杂；晶粒内可见大量滑移带	热锻+冷加工	图2.7，12
13	长螺丝钉	2015DD：142	α固溶体再结晶晶粒及孪晶，晶粒大小不均，变形拉长；铅颗粒沿一定方向分布；可见大量滑移带	热锻+冷加工	图2.7，13
14	铜水烟袋	2016DD：002	α等轴晶和大量孪晶，晶粒大小均匀；铅颗粒弥散分布；孔洞内有大量自由铜分布	热锻	图2.7，14
15	37毫米哈乞开斯炮弹筒	2015DD：050	α等轴晶和大量孪晶，晶粒大小均匀；少量铅颗粒弥散分布于晶界；可见少量硫化物夹杂与铅伴生	热锻	图2.7，15
16	铜扶梯	2015DD：070	α等轴晶和大量孪晶，晶粒大小均匀；铅颗粒数量较少；点状硫化物夹杂；蓝色菊花状物相跨越晶界，推测为浸蚀剂和铅或者夹杂物之类物相反应从中心点生长出来的晶体	热锻	图2.7，16
17	铜管（底部有松香）	2015DD：084	α等轴晶和大量孪晶，晶粒大小均匀；铅颗粒非常细小，弥散均匀分布；点状硫化物夹杂分布；另有蓝色菊花状物相跨越晶界，推测为浸蚀剂和铅或者夹杂物之类物相反应从中心点生长出来的晶体	热锻	图2.7，17
18	开花弹弹头引信	2015DD：146	α固溶体偏析；大量岛屿状（α+δ）共析体；铅颗粒弥散分布；可见少量硫化物夹杂与铅伴生	热锻	图2.7，18

哈乞开斯机关炮由法国哈乞开斯制造生产，具有一套独立的枪机和击针，手摇把提供动力，将炮弹推入弹膛，枪机完成闭锁，击针击发，是一种近战速射炮，在19世纪末20世纪初的新式蒸汽铁甲舰中比较常见，安装在舰艇上利用其高射速打击近距离偷袭的鱼雷艇。致远号巡洋舰上面安装的装备哈乞开斯机关炮是从法国购买的，是近战的主要火力来源。无论是步枪子弹、哈乞开斯炮筒，还是弹壳，这些武器弹药形制均为薄壁器物，为锻制加工而成，内填装火药，反映了19世纪机械轧制的工业特征。此外，望远镜、水烟袋等生活用品、管材亦多为热锻组织，推测其由黄铜皮切削易形，再经过热锻加工制成。

经远舰出水铜器金相组织（图2.8）金相分析结果表明，经分析的16件样品中，除铜管焊料

（2018ZHJYJ：314）为铸造组织外，其余均为热锻或热锻冷加工组织，可见大量滑移带（表2.19）。平衡状态下，Zn含量在34%以下的二元黄铜应为单一的α相组织。α-黄铜的塑性好，能够顺利地进行各

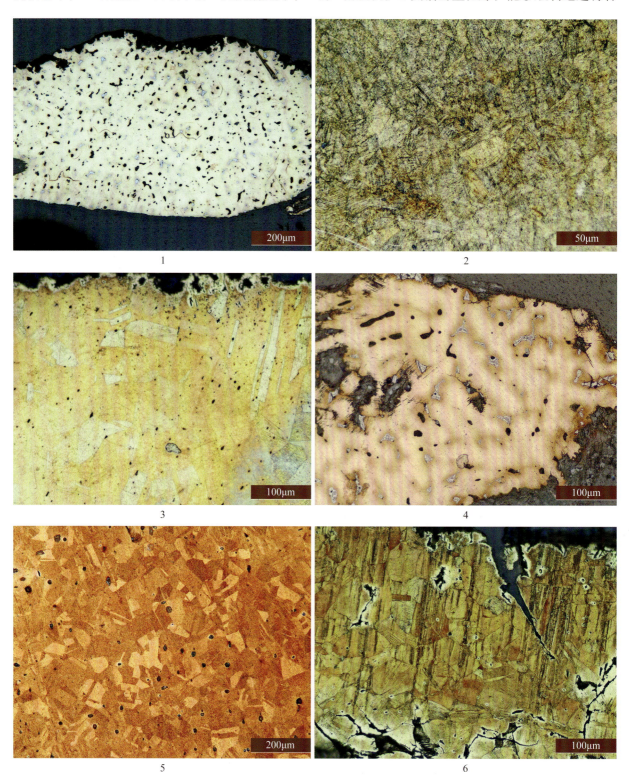

图 2.7　致远舰出水铜器金相组织照片

1.铜构件（2016DD：014）金相组织照片（100×）　2.弹壳（2016DD：WBH2）（500×）　3.炮弹药筒47毫米哈乞开斯炮（2015DD：040）（200×）　4.多孔铜板（2016DD：005）（200×）　5.半圆形构件（罩）（2016DD：010）（100×）
6.皮带扣（2015DD：053）（500×）

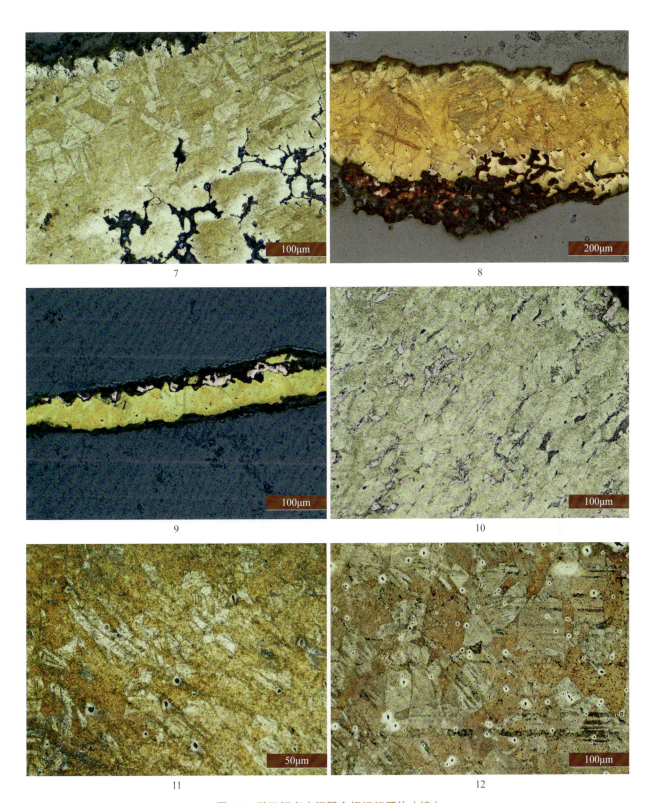

图 2.7 致远舰出水铜器金相组织照片（续）

7. 铜箍（2015DD：054）（200×） 8. 单筒望远镜（2015DD：031）（200×） 9. 毛瑟步枪子弹（2015DD：013）（200×）

10. 家具脚套（2015DD：019）（100×） 11. 57毫米哈乞开斯炮弹底火盖（2015DD：021）（500×）

12. 开花弹头57毫米哈乞开斯炮（2015DD：041）（500×）

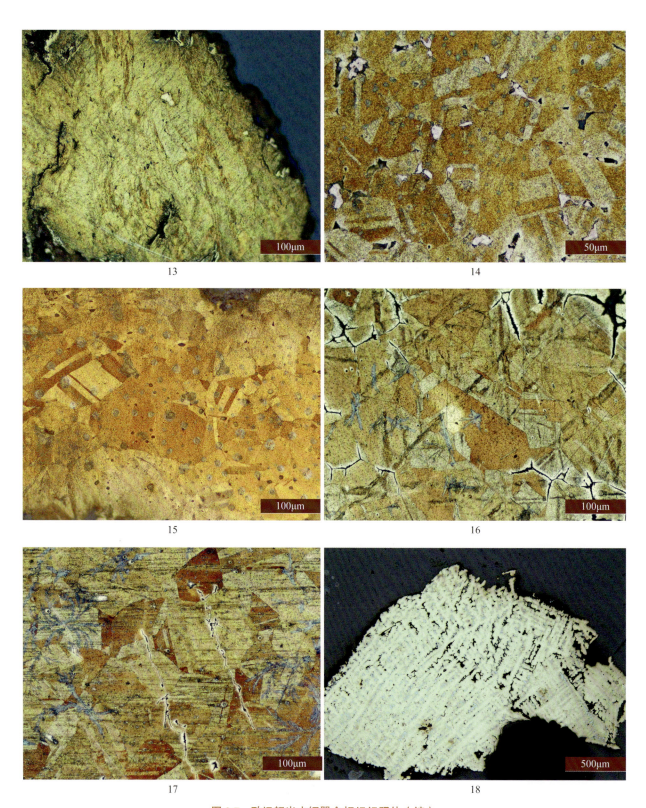

図 2.7　致远舰出水铜器金相组织照片（续）

13. 长螺丝钉（2015DD：142）（200×）　14. 铜水烟袋（2016DD：002）（500×）　15. 37毫米哈乞开斯炮弹筒
（2015DD：050）（200×）　16. 铜扶梯（2015DD：070）（200×）　17. 铜管（底部有松香）
（2015DD：084）（200×）　18. 开花弹弹头引信（2015DD：146）（50×）

图 2.8 经远舰出水铜器金相组织照片

1. 铜线（2018ZHJYJ：232）（500×） 2. 铜油灯（2018ZHJYJ：349）（200×） 3. 铜管主体
（2018ZHJYJ：314）（200×） 4. 铜管焊接层（2018ZHJYJ：314）（200×） 5. 铜构件
（2018ZHJYJ：218）（50×） 6. 47毫米哈乞开斯炮弹壳（2018ZHJYJ：165）（200×）

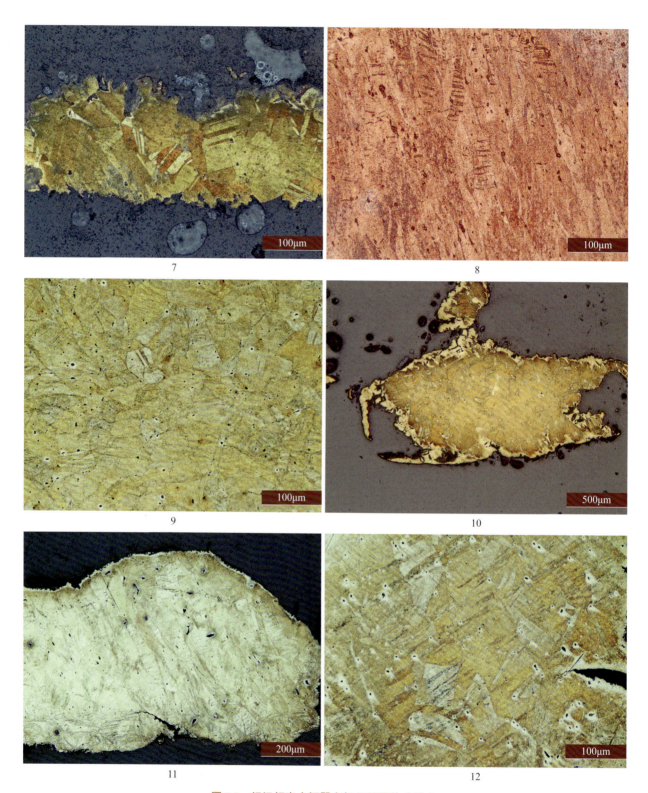

图 2.8 经远舰出水铜器金相组织照片（续）

7. 37毫米哈乞开斯炮弹壳（2018ZHJYJ：168）（200×） 8. 47毫米开花弹弹头铜皮壳（霰弹）（2018ZHJYJ：294）（200×）

9. 37毫米哈乞开斯炮弹壳（2018ZHJYJ：233）（200×） 10. 37毫米哈乞开斯炮弹壳（2018ZHJYJ：197）（50×）

11. 47毫米哈乞开斯炮弹底部（2018ZHJYJ：210）（100×） 12. 37毫米哈乞开斯炮弹壳（2018ZHJYJ：167）（200×）

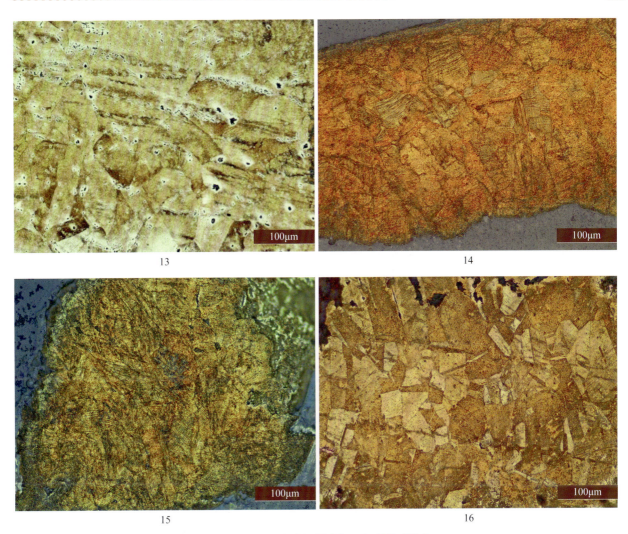

图 2.8　经远舰出水铜器金相组织照片（续）

13.47毫米哈乞开斯炮弹壳（2018ZHJYJ：207）（200×）　14.细管道（B817：JYJ）（200×）

15.47毫米哈乞开斯炮弹壳（2018ZHJYJ：352）（500×）　16.步枪子弹（B815：JYJ）（200×）

种冷热加工。由于含锌量不同黄铜的脆性温度范围会发生改变，一般位于 200～700℃，经中间退火的 α-黄铜加工率可达 70%（图2.7，2；图2.8，9；图2.8，11；图2.8，15）。

表 2.19　经远舰出水铜器金相组织观察结果

序号	文物名称	文物编号	显微组织	组织	图号
1	铜线	2018ZHJYJ：232	α等轴晶和大量孪晶，晶粒大小均匀；较少量铅颗粒弥散分布	热锻	图2.8，1
2	铜油灯	2018ZHJYJ：349	α等轴晶和大量孪晶，晶粒大小均匀晶粒细小	热锻	图2.8，2
3	铜管主体	2018ZHJYJ：314	α等轴晶和大量孪晶，晶粒大小不一；零星铅颗粒分布；晶内存在大量滑移带	热锻＋冷加工	图2.8，3
4	铜管焊接层	2018ZHJYJ：314	α固溶体偏析，枝晶细小；零星铅颗粒分布	铸造	图2.8，4
5	铜构件	2018ZHJYJ：218	α等轴晶和大量孪晶，晶粒大小不一，变形拉长；较少铅颗粒分布；可见少量硫化物夹杂与铅伴生；部分晶内可见滑移带	热锻＋冷加工	图2.8，5

续表

序号	文物名称	文物编号	显微组织	组织	图号
6	47毫米哈乞开斯炮弹壳	2018ZHJYJ：165	α等轴晶和大量孪晶，晶粒大小不一；铅颗粒数量较少	热锻	图2.8，6
7	37毫米哈乞开斯炮弹壳	2018ZHJYJ：168	α等轴晶和孪晶，晶粒变形；铅颗粒弥散分布；可见硫化物夹杂与铅伴生	热锻	图2.8，7
8	47毫米开花弹弹头铜皮壳（霰弹）	2018ZHJYJ：294	α等轴晶和孪晶，晶粒发生严重变形，沿一定方向被拉长；铅颗粒较少且细小；可见孔洞沿加工方向变形	热锻	图2.8，8
9	37毫米哈乞开斯炮弹壳	2018ZHJYJ：233	α等轴晶和大量孪晶，晶粒大小不一；少量铅颗粒；可见少量硫化物夹杂与铅伴生；晶内存在大量滑移带	热锻＋冷加工	图2.8，9
10	37毫米哈乞开斯炮弹壳	2018ZHJYJ：197	α等轴晶和大量孪晶，晶粒大小不一；少量铅颗粒弥散分布；可见少量点状硫化物夹杂；部分晶内可见滑移带	热锻＋冷加工	图2.8，10
11	47毫米哈乞开斯炮弹底部	2018ZHJYJ：210	α等轴晶和孪晶，晶粒发生严重变形，沿一定方向被拉长；零星铅颗粒分布；可见硫化物夹杂与铅伴生；存在大量滑移带	热锻＋冷加工	图2.8，11
12	37毫米哈乞开斯炮弹壳	2018ZHJYJ：167	α等轴晶和大量孪晶，晶粒大小不一；铅颗粒数量较少；可见少量点状硫化物夹杂与铅伴生	热锻	图2.8，12
13	47毫米哈乞开斯炮弹壳	2018ZHJYJ：207	α等轴晶和大量孪晶，晶粒大小不一；少量铅颗粒；局部可见滑移带	热锻＋冷加工	图2.8，13
14	细管道（烟熏痕迹）	B817：JYJ	α等轴晶和大量孪晶，晶粒大小不一，部分重叠；少量铅颗粒分布；晶内可见明显滑移带	热锻＋冷加工	图2.8，14
15	47毫米哈乞开斯炮弹壳（刻有编号1886，略厚）	2018ZHJYJ：352	α等轴晶和大量孪晶，晶粒发生严重变形；少量铅颗粒弥散分布；晶内存在大量滑移带	热锻＋冷加工	图2.8，15
16	步枪子弹	B815：JYJ	α等轴晶和大量孪晶，晶粒大小不一，变形拉长；铅颗粒数量较少；可见少量硫化物夹杂与铅伴生；部分晶内可见滑移带；样品边缘可见大量自由铜颗粒	热锻＋冷加工	图2.8，16

四、成分分析结果

（一）致远舰出水铜质文物合金材质

1. 基体扫描电镜能谱分析结果

具体分析结果详见表2.20。

表2.20　致远舰出水铜器合金材质分析结果

序号	文物名称	文物编号	主元素含量（wt%）						材质
			Cu	Zn	Pb	Fe	S	Sn	
1	铜构件	2016DD：014	79.87	10.11	2.74	0.19	0.24	6.85	Cu-Zn-Sn
2	弹壳	2016DD：WBH2	71.93	27.30	0.63	0.06	0.08	—	Cu-Zn

续表

序号	文物名称	文物编号	主元素含量（wt%）						材质
			Cu	Zn	Pb	Fe	S	Sn	
3	炮弹药筒47毫米哈乞开斯炮	2015DD：040	68.08	30.94	0.88	0.09	0.02	—	Cu-Zn
4	多孔铜板	2016DD：005	80.99	2.97	5.97	—	—	10.07	Cu-Sn-Pb
5	半圆形构件（罩）	2016DD：010	98.91	1.13	—	0.06	—	—	Cu
6	皮带扣	2015DD：053	63.15	31.41	5.35	0.10	—	—	Cu-Zn-Pb
7	铜箍	2015DD：054	72.14	26.61	1.03	0.26	—	—	Cu-Zn
8	单筒望远镜	2015DD：031	68.38	30.49	0.40	0.37	0.36	—	Cu-Zn
9	毛瑟步枪子弹	2015DD：013	66.37	33.10	0.20	0.06	0.28	—	Cu-Zn
10	脚套	2015DD：019	64.17	33.19	2.63	—	—	—	Cu-Zn-Pb
11	57毫米哈乞开斯炮弹底火盖	2015DD：021	66.77	32.95	0.13	0.09	0.06	—	Cu-Zn
12	开花弹头57毫米哈乞开斯炮	2015DD：041	65.98	33.76	—	0.13	0.12	—	Cu-Zn
13	长螺丝钉	2015DD：142	65.91	32.73	0.41	0.76	0.19	—	Cu-Zn
14	铜水烟袋	2016DD：002	63.08	35.89	0.53	0.25	0.25	—	Cu-Zn
15	37毫米哈乞开斯炮弹筒	2015DD：050	65.99	32.72	0.52	0.31	0.47	—	Cu-Zn
16	铜扶梯	2015DD：070	69.12	29.83	0.45	0.29	—	—	Cu-Zn
17	铜管（底部有松香）	2015DD：084	69.99	28.52	1.30	0.19	—	—	Cu-Zn
18	开花弹弹头引信	2015DD：146	84.49	4.64	1.76	—	—	9.11	Cu-Sn-Zn

2. 夹杂物扫描电镜能谱分析结果

致远舰出水铜器夹杂物（图2.9）具体分析结果详见表2.21。

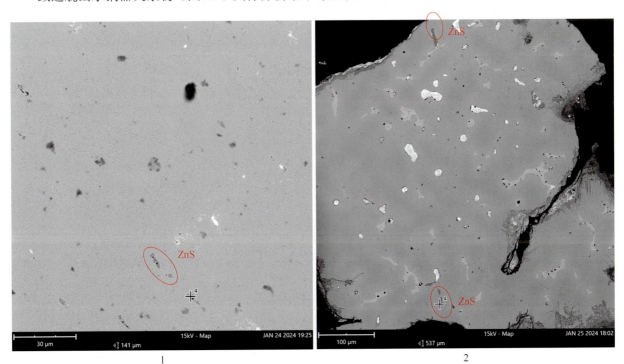

图 2.9 致远舰出水铜器夹杂物 BSE 照片

1. 弹壳（2016DD：WBH2）硫化锌夹杂　2. 多孔铜板（2016DD：005）硫化锌夹杂

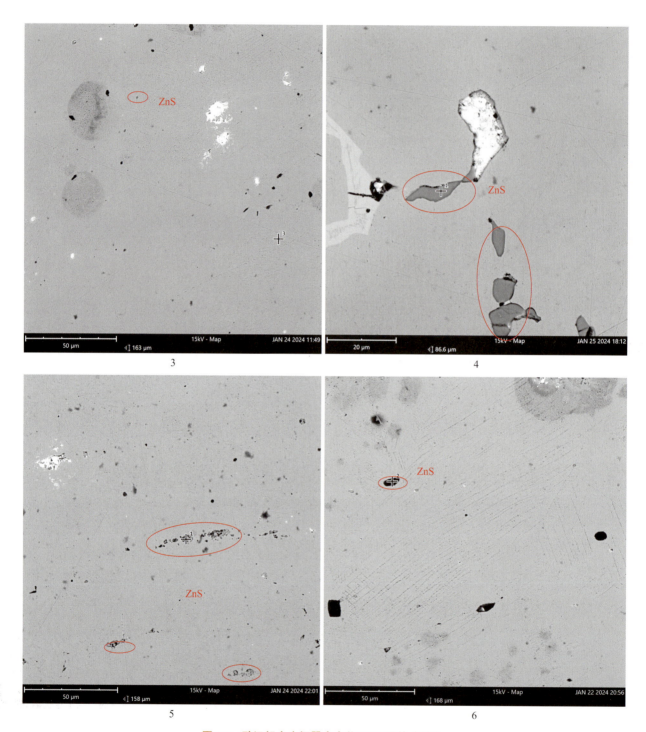

图 2.9　致远舰出水铜器夹杂物 BSE 照片（续）

3.炮弹药筒47毫米哈乞开斯炮（2015DD：040）点状硫化锌夹杂　4.多孔铜板（2016DD：005）硫化锌夹杂　5.铜箍
（2015DD：054）硫化锌夹杂　6.单筒望远镜（2015DD：031）铁夹杂物

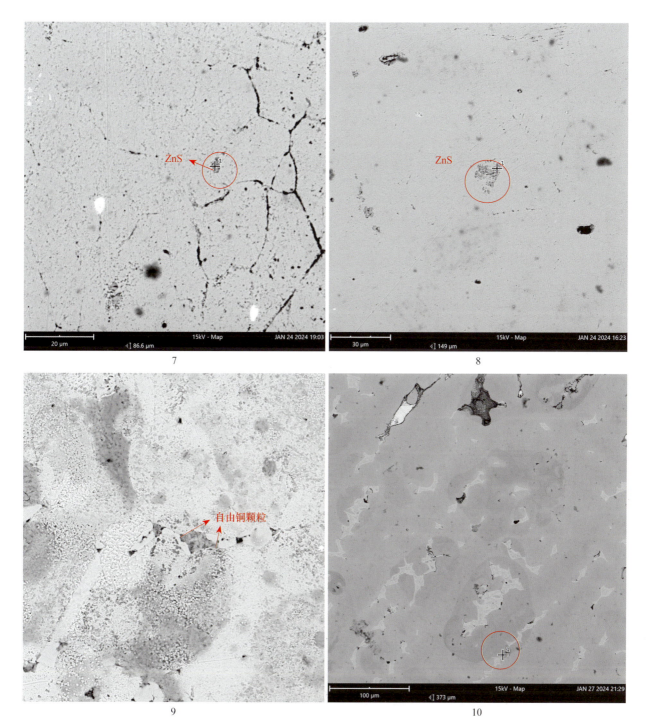

图 2.9　致远舰出水铜器夹杂物 BSE 照片（续）

7. 57毫米哈乞开斯炮弹底火盖（2015DD：021）颗粒状硫化物夹杂　8. 开花弹头57毫米哈乞开斯炮（2015DD：041）硫化物夹杂　9. 铜水烟袋（2016DD：002）风化的组织及自由铜颗粒　10. 开花弹头引信（2015DD：146）硫化物夹杂

表2.21 致远舰出水铜器夹杂物元素分析结果

文物名称	文物编号	扫描部位	元素原子百分比（%）			元素质量百分比（wt%）		
			Zn	S	Cu	Zn	S	Cu
铜构件	2016DD：014	硫化锌	50.12	44.56	5.32	64.97	28.33	6.7
弹壳	2016DD：WBH2	硫化锌	48.47	34.23	15.53	59.78	20.70	18.62
炮弹药筒47毫米哈乞开斯炮	2015DD：040	硫化锌	48	28.46	23.54	56.58	16.45	26.97
多孔铜板	2016DD：005	硫化锌	48.79	46.93	4.28	64.22	30.30	5.48
		硫化锌	49.20	46.01	4.78	64.39	29.53	6.08
皮带扣	2015DD：053	硫化锌	51.51	40.27	8.30	64.88	24.88	10.22
铜箍	2015DD：054	硫化锌	49.93	38.66	11.41	62.43	23.70	13.86
毛瑟步枪子弹	2015DD：013	硫化锌	54.63	36.10	9.28	67.15	21.76	11.09
		硫化锌	51.46	38.77	9.77	64.35	23.78	11.87
			Cu	Zn	Fe	Cu	Zn	Fe
		铁夹杂物	44.93	36.50	18.58	45.47	38.01	16.52
单筒望远镜	2015DD：031	硫化锌	48.91	26.32	24.77	56.94	15.03	28.03
57毫米哈乞开斯炮弹底火盖	2015DD：021	硫化锌	37.87	27.19	34.94	44.47	15.66	39.87
		硫化锌	46.89	32.00	21.11	56.42	18.89	24.69
开花弹头57毫米哈乞开斯炮	2015DD：041	硫化锌	42.67	36.74	19.45	53.29	22.50	23.61
37毫米哈乞开斯炮弹筒	2015DD：050	硫化锌	50.80	41.89	7.19	64.83	26.22	8.93
铜扶梯	2015DD：070	硫化锌	50.58	31.17	18.25	60.50	18.29	21.22
		硫化锌	39.10	21.09	39.81	44.36	11.74	43.90
铜管（底部有松香）	2015DD：084	硫化锌	42.58	28.67	28.75	50.34	16.62	33.04
开花弹弹头引信	2015DD：146	硫化锌	47.87	41.18	10.95	60.82	25.66	13.52

关于合金材质界定的问题学者们早已进行了广泛讨论[1]，主要集中于如何通过合金元素含量判定金属是否属于人为有意识的合金化活动，目前学术界普遍以2%作为判断合金材质元素下限的标准，本文沿用2%的界限判断标准，对合金类别进行划分。致远舰共分析19件铜器样品，大致可分为舰体构件、武器弹药和生活用品、管材、板材、加固类零件六类。SEM-EDS主成分分析结果见表2.20，分析结果表明经分析的19件样品包括黄铜、铅黄铜、锡黄铜、青铜、红铜五类，表现出多样化的合金特征。其中黄铜13件，占比68.42%；铅黄铜2件，占比10.52%；锡黄铜2件，占比10.53%；青铜1件，占比5.26%；红铜1件，占比5.26%。黄铜样品的铜含量在63.08%～72.14%，锌含量在26.61%～35.89%范围内，铅黄铜的成分特征基本落入了这一区间，总体看来铜器主元素分布特征变动范围较大，可能与器物类型不同有关。

整体来看，致远舰出水铜质器物含硫、铁杂质元素不高，硫化物夹杂数量少，且多为细小颗粒状，

---

① Tylecote R F. A history of metallurgy [M]. London: Mid-County Press, 1976: 14-16；孙淑云：《关于冶金起源研究的思考》，《古代文明研究（第一辑）》，文物出版社，2005年，第115～167页。

质地较为纯净，反映出较高的金属冶炼水平，符合19世纪的合金时代特征。

2件锡黄铜的铜含量分别为79.87%和84.49%，锌含量分别为10.11%和4.64%，与黄铜器呈现出明显不同。在黄铜中加入金属锡能够起到固溶强化的作用，提高合金的耐热性；锡在黄铜中的重要作用是抑制脱锌，从而提高抗海水腐蚀的能力，因而锡黄铜有"海军黄铜"的美称。但随着锡含量的增加铜合金会析出脆性r相，降低合金的塑性，故锡黄铜的锡含量在0.5%~1.5%范围内最佳。然而，致远舰出水的2件锡黄铜的锡含量达到了6.85%和9.11%，作为舰体的铜构件虽强化了其耐腐蚀性能，但塑性会受到一定影响。

经分析的红铜器物为半圆形构件（2016DD：010），系用薄红铜皮制成，底部有一阀门，用于排放积液，红铜质地较软，易于锻造和修整形状。

家具脚套和皮带扣的合金材质均为铅黄铜，在黄铜中添加铅、锡、铁、锰等元素能够起到改善黄铜性能的作用，金属铅的添加能够提高黄铜的切削性能，使其易于制作皮带扣和脚套这类小件器物。

根据器物类型对致远舰出水器物进行划分，绘制元素含量分布图（图2.10）。由图可见，不同器物类型组别之间存在差异但不明显，差异主要集中于板材的材质特征。武器弹药、生活用品、管材和加固类零件的合金成分特征比较接近；由于受到废液槽红铜材质的影响，船体构件的锌含量整体偏低；此外，与整体相比，板材呈现较为特异，表现为较低的锌含量，应当与锡黄铜的使用有关。

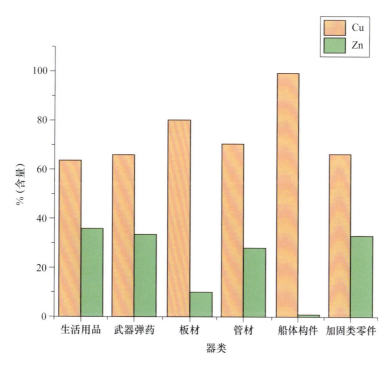

图2.10　致远舰出水不同器类铜质文物元素含量分布图

船体构件涉及合金材质类型有红铜和黄铜两种，其中黄铜为具有一定塑性和硬度要求的船体构件扶梯，红铜为废液槽。板材的合金类型较为多元，既有铅黄铜又有锡黄铜，多孔铜板材质为铅黄铜，铅不溶于铜合金，呈游离质点状分布在固溶体晶界上，能够提高铸件的塑性使其易于锻造；铜构件（2016DD：014）沿边带有浅槽，用以密封，板材上等距安装孔眼，锡黄铜的抗海水腐蚀能力较黄铜强，推测锡黄铜的选择与其功能有关。武器弹药除开花弹头内包裹物清理出来的内芯外，均为黄铜铜锌合金，加固类零件亦以黄铜制作为主。此外生活用品的材质包括黄铜和铅黄铜两种，其中水烟袋采用较薄的黄铜皮制成，其盖刻有"汉镇　吕义泰　刘盛"字样，为国内所产，以水烟袋、皮带扣、单筒望远镜等组成的生活用品所呈现出来的器物功能与合金类型的联系性不强，呈现出多元的特征（图2.10）。

（二）经远舰出水铜质文物合金材质

1. 基体扫描电镜能谱分析结果

具体分析结果详见表2.22。

表2.22　经远舰出水铜器合金材质分析结果

序号	文物名称	文物编号	主元素含量（wt%）						材质
			Cu	Zn	Pb	Fe	S	Sn	
1	铜线	2018ZHJYJ：232	98.66	1.30	—	0.04	—	—	Cu
2	铜油灯	2018ZHJYJ：349	72.09	25.59	0.25	0.04	0.03		Cu-Zn
3	铜管主体	2018ZHJYJ：314	60.09	36.84	0.10	2.96	0.01		Cu-Zn
4	铜管焊接处	2018ZHJYJ：314	93.40	0.71	5.52	0.37			Cu-Pb
5	铜构件	2018ZHJYJ：218	72.60	27.00	0.39	—			Cu-Zn
6	47毫米哈乞开斯炮弹壳	2018ZHJYJ：165	67.29	32.59	—	0.08	0.04		Cu-Zn
7	37毫米哈乞开斯炮弹壳	2018ZHJYJ：168	70.34	28.78	0.68	0.08	0.12		Cu-Zn
8	47毫米开花弹头铜皮壳（霰弹）	2018ZHJYJ：294	98.31	1.69					Cu
9	37毫米哈乞开斯炮弹壳	2018ZHJYJ：233	71.51	28.30	—	0.14	0.05		Cu-Zn
10	37毫米哈乞开斯炮弹壳	2018ZHJYJ：169	69.95	28.96	0.85	0.24			Cu-Zn
11	47毫米哈乞开斯炮弹底部	2018ZHJYJ：210	68.08	30.94	0.88	0.09	0.02		Cu-Zn
12	37毫米哈乞开斯炮弹壳	2018ZHJYJ：167	71.98	27.54	0.34	0.12	0.02		Cu-Zn
13	47毫米哈乞开斯炮弹壳	2018ZHJYJ：207	67.92	32.05		0.04			Cu-Zn
14	47毫米哈乞开斯炮弹壳（刻有编号1886，略厚）	2018ZHJYJ：352	67.92	31.37	0.61	0.10			Cu-Zn
15	细管道（烟熏痕迹）	B817：JYJ	65.51	31.77	2.34	0.38	—		Cu-Zn
16	步枪子弹	B815：JYJ	69.98	28.33	0.57	0.76	0.35		Cu-Zn

2. 夹杂物扫描电镜能谱分析结果

具体分析结果详见表2.23。

表2.23　经远舰出水铜器夹杂物元素分析结果

文物名称	文物编号	扫描部位	元素原子百分比（%）			元素质量百分比（wt%）		
			Zn	S	Cu	Zn	S	Cu
铜构件	2018ZHJYJ：218	硫化锌	34.18	19.48	46.34	38.50	10.76	50.74
37毫米哈乞开斯炮弹壳	2018ZHJYJ：168	硫化锌	43.17	28.47	28.36	50.97	16.48	32.54
		硫化锌	39.20	43.93	16.87	50.82	27.93	21.25

续表

文物名称	文物编号	扫描部位	元素原子百分比（%）			元素质量百分比（wt%）		
			Zn	S	Cu	Zn	S	Cu
37毫米哈乞开斯炮弹壳	2018ZHJYJ：168	硫化锌	49.59	41.35	9.06	63.03	25.78	11.20
	2018ZHJYJ：233	硫化锌	48.27	27.97	23.76	56.73	16.12	27.14
	2018ZHJYJ：169	硫化锌	49.48	44.49	6.03	64.13	28.28	7.59
		硫化锌	52.58	38.56	8.86	65.64	23.61	10.75
47毫米哈乞开斯炮弹底部	2018ZHJYJ：210	硫化锌	48.00	28.46	23.54	56.58	16.45	26.97
37毫米哈乞开斯炮弹壳	2018ZHJYJ：167	硫化锌	40.94	30.15	28.91	48.84	17.64	33.52
细管道（烟熏痕迹）	B817：JYJ	硫化锌	48.10	25.42	26.48	55.74	14.45	29.82
		硫化锌	45.03	21.85	33.12	51.21	12.18	36.61
铜油灯	2018ZHJYJ：349	硫化锌	44.23	28.85	26.92	52.13	16.74	30.95
		硫化锌	47.93	32.74	19.33	57.90	19.40	22.70
步枪子弹	B815：JYJ	硫化锌	50.81	36.43	12.76	62.66	22.04	15.30
		硫化锌	28.49	33.98	37.52	40.25	16.55	43.20

　　本次共计分析经远舰出水铜质文物样品16件，根据器物使用功能大致可分为管材、生活用品和武器弹药三类。SEM-EDS主成分分析结果见表2.22，材质包括红铜2件、铜铅合金1件、铜锌合金（黄铜）13件，与致远舰相比铜器材质种类比较统一。其中黄铜器的铜含量在60.09%～72.6%，锌含量在25.59%～36.84%，具有良好的塑性和耐磨性能。黄铜在456℃时锌在铜中的固溶度为39%，低于该溶解度的黄铜塑性较好。超过此范围，随着锌含量的增大，黄铜的塑性降低，当超过45%时，两相黄铜中的α相因固溶度的改变而自β晶粒析出，易生成魏氏组织，合金将产生脆性，机械性能被破坏[①]。

　　关于合金的纯度分析，经远舰出水铜质器物硫化物杂质元素含量不高，存在部分硫化锌夹杂，但数量较少，形态多为细小颗粒，质地较为纯净，反映出较高的金属冶炼水平，特征与致远舰一致。

　　经观察，铜管（2018ZHJYJ：314）在器身存在纵向贯穿的接缝，颜色与管体存在明显差异。对铜管主体与焊接接缝进行分析，结果表明二者材质存在显著区别，铜管主体为铜锌合金，焊接接缝材质为铜铅合金，这表明铜管（2018ZHJYJ：314）在制作时使用了高温焊接技术，以流动性较好的铜铅合金熔液作为焊接材料。

　　此外，在取样过程中发现了一件刻有"1886"编号的47毫米哈乞开斯炮弹壳，与其他哈乞开斯炮弹壳相比厚度略厚，然而根据其成分分析结果，这件带编号"1886"的47毫米哈乞开斯炮弹壳与同类器物并没有太大差异。

　　根据类型对经远舰出水器物进行划分，绘制元素含量分布图，见图2.11。由图可见，经远舰管材和武器弹药的元素分布特征比较相似，符合黄铜主要用于子弹炮弹弹壳、船舶的零件制造的功能特征。

---

　　① 席奇豪：《强力旋压QSn7-0.2合金微观组织与力学性能的研究》，中北大学硕士学位论文，2017年；洛阳铜加工厂中心实验室金相组：《铜及铜合金金相图谱》，冶金工业出版社，1983年。

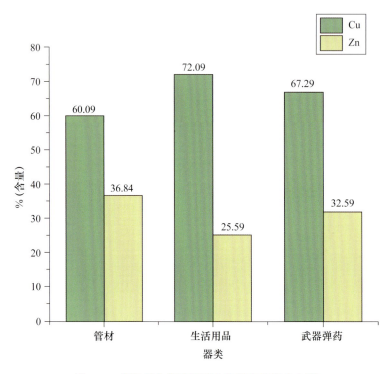

图 2.11　经远舰各器类铜质文物元素含量分布图

　　与其相比，生活用品的锌含量明显低于前者，这可能与包括铜油灯、小构件类的生活用品对于使用过程中的耐腐蚀、耐磨性以及切削性能需求不及炮弹和船体构件有关。

　　出于机械性能考虑，哈乞开斯开花炮弹的外壳多为黄铜制作，为探究武器炮弹不同构件之间材质的差异，对哈乞开斯炮弹的弹壳和弹头铜皮壳分别开展分析，结果表明哈乞开斯炮弹的弹头铜皮壳为红铜材质，与炮弹外壳的材质明显不同。

五、小结

　　（1）黄铜具有优良的机械性能，尤其是其耐磨性相较于纯铜有了明显的提升，同时具有较高的耐腐蚀性能，因而常常用于精密仪器制造、子弹与炮弹的弹壳、船舶的零件等器物的制造[1]。致远舰、经远舰出水的武器弹药均主要以黄铜制作，充分利用了铜锌合金的机械性能。

　　（2）总体来看，致远舰和经远舰出水铜质器物含硫、铁杂质元素不高，硫化物夹杂数量少，且多为细小颗粒状，质地较为纯净，反映出较高的金属冶炼水平，符合19世纪合金的时代特征。

　　（3）致远舰铜器的材质与加工工艺具有相关性，铜构件（2016DD：014）、多孔铜板（2016DD：005）、开花弹弹头引信（2015DD：146）为铸造组织，为锡黄铜或锡青铜；其余器物皆为典型铸后热锻、铸后热锻冷加工组织，材质为黄铜和铅黄铜。

　　（4）致远舰、经远舰在器物类型和材质选择上均进行了有目的的处理。

---

　　① 　夏禹：《H62黄铜薄板搅拌摩擦连接区性能分析及成型机理研究》，安徽工程大学硕士学位论文，2023年；胡鹏宏：《加工工艺对Cu-2Ag-xLa合金强度和导电性能影响机理的研究》，中国科学技术大学博士学位论文，2022年。

第三节　铅锡银器分析研究

一、铅锡器分析

致远舰、经远舰均出水了铅锡质文物，其中部分为武器构件。本次分析检测共选取铅质文物4件，包括手枪子弹头1件，铅皮1件，铅管1件，铅饼1件，其中铅皮已被压扁变形，见表2.24。具体分析结果详见表2.25。

表2.24　致远舰、经远舰出水铅质文物取样表

序号	文物编号	文物名称	序号	文物编号	文物名称
1	2015DD：108	手枪子弹头	3	2018ZHJYJ：513	铅管
2	B503	铅皮	4	2018ZHJYJ：281	铅饼

表2.25　致远舰、经远舰出水铅质文物元素分析结果

序号	文物名称	文物编号	主元素含量（wt%）						材质
			Pb	Sn	Nb	Zr	Ca	Si	
1	手枪子弹头	2015DD：108	90.41	5.31	2.36	0.94	0.63	0.35	Pb
2	铅皮	B503	98.99	0.88	—	—	—	—	Pb
3	铅管	2018ZHJYJ：513	99.23	0.68	—	—	—	—	Pb
4	铅饼	2018ZHJYJ：281	99.71	—	—	—	—	0.29	Pb

二、银器分析

1. 银锭的分析

致远舰遗址出水5枚银锭（2015DD：125），3枚完整，2枚有切割痕迹（图2.12），银锭作为计重货币，切割使用痕迹可以证明这些银锭为实用货币。采用便携式X射线荧光分析仪（XRF）对5枚银锭进行分析可知，5枚银锭的最高含银量不足18%，锡含量高达51.86%，属于掺杂大量金属锡的伪劣货币。分析结果如表2.26所示。

图2.12　致远舰出水银锭（2015DD：125）照片

表2.26　致远舰沉船遗址出水银锭X-射线荧光光谱数据　　　　（%）

序号	Ag	Sn	Mg	Cu	Al	Pb	Ni	Fe
1	15.42	43.13	30.96	3.09	6.00	0.59	0.24	0.38
2	15.76	48.80	24.55	6.17	3.70	0.70	0.24	0.06

续表

序号	Ag	Sn	Mg	Cu	Al	Pb	Ni	Fe
3	16.70	43.54	31.74	1.71	5.77	0.09	0.22	0.22
4（切割）	17.08	51.86	24.16	2.13	4.22	0.20	0.25	0.10
5（切割）	15.52	47.17	22.02	2.50	4.04	6.67	0.20	1.50

2. 银汤勺的分析

汤勺初期命名为银汤勺（2015DD：106）（图2.13），使用便携式X射线荧光分析仪进行检测，结果表明，含银量仅为0.1%，主要含有Cu 54.4%、Zn 28.9%和Ni 14.9%，是一件含有Cu、Zn、Ni的三元合金镍白铜（表2.27），仅外观成色类似银器，实则为镍白铜。明清时期镍白铜得到大规模生产，成为当时应用最为广泛的金属材料之一。

0　　　　5厘米

图 2.13　致远舰遗址出水汤勺（2015DD：106）

表 2.27　汤勺 XRF 检测数据

样品编号	样品名称	成分分析（wt%）							
		Cu	Zn	Ni	Fe	Co	Sn	Ag	Pb
2015DD：106	汤勺	54.4	28.9	14.9	0.9	0.1	0.1	0.1	0.6

第四节　本 章 总 结

作为蒸汽机装甲战舰，致远舰与经远舰舰体构件的材质以低碳碳素钢为主，部分为低合金结构钢；船舰使用的工具材质包括低碳碳素钢、中碳碳素钢、高碳碳素钢三类。在钢材的制作工艺上，使用了正火、热轧、退火、球化退火、淬火、回火等多种热处理手段。致远舰、经远舰所用钢材均为含有少量锰元素的低合金钢，见于外壳板、船体角铁、工具、铁质管材等，Mn 含量均小于0.9%，S、P 含量非常低，属于用于制造远洋、沿海和内陆河流船体结构的专用热轧钢板，符合19世纪蒸汽机装甲战舰的技术特征，即使用铁素体加珠光体的碳锰低合金钢用以满足船板钢性能的要求。

此外，致远舰、经远舰出水遗物中还发现了大量的铜制品，以黄铜为多。器物类型包括舰体构件、武器弹药、舰上工具用品和生活用品四大类，其中武器弹药的数量较多。黄铜具有优良的机械性能，具有极强的可塑性和耐磨性能，因而常常用于精密仪器制造、子弹与炮弹的弹壳、船舶的零件等器物的制造。致远舰、经远舰出水的武器弹药均主要以黄铜制作，充分利用了铜锌合金的机械性能。总体来看，致远舰和经远舰出水铜质器物含硫、铁杂质元素不高，硫化物夹杂数量少，且多为细小颗粒状，质地较为纯净，反映出较高的金属冶炼水平，符合19世纪合金的时代特征。致远舰、经远舰在器物类型和材质选择上均进行了有目的的处理，这一点在致远舰上较为明显，铜构件（2016DD：014）、多孔铜板（2016DD：005）、开花弹弹头引信（2015DD：146）为铸造组织，为添加了金属锡的锡黄铜或锡青铜；除此之外其余器物皆为典型铸后热锻、铸后热锻冷加工组织，材质为不含锡的黄铜和铅黄铜。

在发掘过程中，致远舰还出水了具有货币功能的银锭，其中2枚有切割痕迹，银锭作为计重货币，切割使用痕迹可以证明这些银锭为实用货币。然而，成分分析结果显示，这5枚银锭的最高含银量不足18%，以51.86%的锡含量为显著特征，属于掺杂大量金属锡的伪劣货币，这也从侧面反映了晚清经济体制的逐渐下行和崩溃。

第三章 陶瓷与玻璃分析研究

第一节 陶瓷分析研究

一、样品概况

经远舰沉船遗址出水了较多的陶瓷文物，选取其中20件标本开展了分析研究。陶瓷样品主要包括青釉瓷器、酱釉瓷器、黑釉瓷器、白地黑花瓷、青花瓷器及红陶，样品信息见表3.1。

表3.1　经远舰沉船出水陶瓷器取样表

序号	样品编号	样品材质	样品数量	样品照片
1	JYJ988	酱釉瓷片	1	0　　　3厘米
2	JYJ989	白地黑花瓷片	1	0　　　2厘米
3	JYJ990	青釉瓷片	1	0　　　3厘米

序号	样品编号	样品材质	样品数量	样品照片
4	JYJ991	红陶碎片	1	
5	JYJ992	红陶碎片	1	
6	JYJ993	红陶碎片	1	
7	JYJ994	青花瓷片	1	

序号	样品编号	样品材质	样品数量	样品照片
8	JYJ995	青花瓷片	1	
9	JYJ996	青釉瓷片	1	
10	JYJ998	酱釉瓷片	1	
11	JYJ999	青釉瓷片	1	
12	JYJ1000-1	青釉瓷片	1	

序号	样品编号	样品材质	样品数量	样品照片
13	JYJ1000-2	青釉瓷片	1	
14	JYJ1001	青釉瓷片	1	
15	JYJ1002	黑釉瓷片	1	
16	JYJ1003	青釉瓷片	1	

序号	样品编号	样品材质	样品数量	样品照片
17	JYJ1006	黑釉瓷片	1	
18	JYJ1007	红陶碎片	1	
19	JYJ1011	酱釉瓷片	1	
20	JYJ1017	红陶碎片	1	

二、分析方法

德国徕卡三维视频显微镜DVM6P，标准放大倍数为50×～1000×，摄像头为2/3英寸CCD芯片，1394卡采集，500万物理像素，位深12bit。

环境扫描电子显微镜（Thermo Scientific，Quattro S），工作电压20kV。搭配布鲁克Bruker QUANTAX EDS X射线能谱仪，SDD探头整理采集点的X荧光数据，对有效元素进行整理分析。

三、成分分析结果

利用扫描电镜—能谱仪分析陶瓷器样品剖面胎釉成分，结果见表3.2和表3.3。

表3.2　经远舰沉船出水瓷器釉层EDS分析结果　　　　　　　　　　　　（wt%）

元素\编号	Na_2O	MgO	Al_2O_3	SiO_2	K_2O	CaO	FeO	TiO_2
JYJ988	1.4	3.4	18.5	62.0	0.9	7.3	6.5	—
JYJ989	2.7	—	18.3	72.7	3.4	2.9	—	—
JYJ990	—	—	15.1	76.6	2.9	5.4	—	—
JYJ994	3.7	—	19.0	67.0	5.3	5.0	—	—
JYJ995	—	—	14.6	66.1	3.8	13.8	1.9	—
JYJ996	1.9	—	14.8	75.8	5.7	1.9	—	—
JYJ998	—	1.1	12.3	56.6	1.5	16.9	10.0	1.5
JYJ999	—	—	16.1	74.5	1.6	6.3	1.6	—
JYJ1000-1	1.7	—	16.4	74.7	2.2	5.0	—	—
JYJ1000-2	1.9	—	16.5	73.1	1.9	5.4	1.2	—
JYJ1001	1.9	1.6	17.0	68.8	1.3	5.6	3.8	—
JYJ1002	—	5.7	21.6	61.9	1.1	4.8	4.9	—
JYJ1003	4.5	—	21.0	68.5	2.6	3.5	—	—
JYJ1006	0.9	2.5	19.2	69.3	2.3	2.6	3.2	—
JYJ1011	0.9	2.0	17.4	71.3	2.4	2.2	3.8	—

注："—"表示素含量低于检出限。

表3.3　经远舰沉船出水陶瓷器胎体EDS分析结果　　　　　　　　　　　（wt%）

元素\编号	Na_2O	MgO	Al_2O_3	SiO_2	K_2O	CaO	FeO	TiO_2
JYJ988	1.1	—	20.7	72.3	1.9	—	2.7	1.3
JYJ989	2.3	—	23.6	70.5	2.4	1.2	—	—
JYJ990	—	—	21.4	71.4	4.0	1.5	1.7	—
JYJ994	2.8	—	23.5	67.5	6.2	—	—	—
JYJ995	—	—	20.7	72.4	3.2	1.6	2.0	—
JYJ996	1.6	—	25.0	68.5	4.8	—	—	—

续表

元素 编号	Na_2O	MgO	Al_2O_3	SiO_2	K_2O	CaO	FeO	TiO_2
JYJ998	0.5	0.8	19.5	70.6	2.5	—	4.9	1.2
JYJ999	—	—	20.1	74.5	3.0	0.9	1.5	—
JYJ1000-1	—	—	21.0	75.2	2.3	—	1.5	—
JYJ1000-2	1.0	—	18.6	76.6	2.4	—	1.4	—
JYJ1001	—	1.0	23.4	70.4	1.4	—	3.8	—
JYJ1002	—	—	22.2	73.5	2.1	—	2.2	—
JYJ1003	3.6	—	21.2	71.5	3.7	—	—	—
JYJ1006	—	—	28.1	67.6	1.7	—	1.7	0.9
JYJ1011	—	—	26.1	69.5	1.8	—	1.6	1.0
JYJ991陶	0.7	1.2	25.2	66.1	2.8	—	4.1	—
JYJ992陶	—	—	20.4	65.8	3.2	—	9.3	1.3
JYJ993陶	—	—	19.7	74.3	1.9	—	3.2	0.9
JYJ1007陶	—	—	26.2	68.2	1.7	—	3.8	—
JYJ1017陶	1.0	—	26.0	66.7	2.4	—	3.8	—

注："—"表示元素含量低于检出限。

四、陶瓷器成分特征

1. 陶器胎体成分特征

经远舰沉船遗址出水陶器样品的 SiO_2 含量为66.1wt%～74.3wt%，平均值为68.22wt%；其 Al_2O_3 含量为19.7wt%～26.2wt%，平均值为23.5wt%。样品助熔剂含量为5.5wt%～13.8wt%，其中 Fe_2O_3 含量为3.2wt%～9.3wt%，K_2O 含量为1.7wt%～3.2wt%，TiO_2 含量在1wt%左右。

中国古代制陶所用黏土大致分为普通易熔黏土、高硅质黏土、高铝质黏土与高镁质黏土四类[1]，其中高硅质黏土的 SiO_2 含量为69.89wt%～71.72wt%，Al_2O_3 含量为15.84wt%～21.98wt%，助熔剂含量为3.93wt%～9.63wt%，经远舰沉船遗址出水陶器样品成分含量与高硅质黏土相近，说明该沉船陶器样品原料可能为高硅质黏土。此外，这批红陶样品的胎质较为细腻，表明陶器原料在拣选、加工处理上较为精细。出水陶器样品的陶色呈红色，说明该陶器样品的烧成温度较低，且在氧化气氛下烧制而成。

2. 瓷器胎体成分特征

经远舰沉船遗址出水青釉瓷器样品胎体 SiO_2 含量为68.4wt%～76.6wt%，平均值为72.38wt%；Al_2O_3 含量为18.6wt%～26.4wt%，平均值为22.3wt%。其助熔剂含量为3.1wt%～7.3wt%，平均值为5.32wt%，其中 Fe_2O_3 含量为1.4wt%～3.8wt%，TiO_2 含量则为1.1wt%左右。

酱釉瓷器样品胎体 SiO_2 含量为69.5wt%～72.3wt%，平均值为70.8wt%；Al_2O_3 含量为19.5wt%～

---

① 李文杰：《古代制陶所用黏土及羼和料——兼及印纹硬陶与原始瓷原料的区别》，《文物春秋》2021年第1期。

26.1wt%，平均值为22.1wt%。此外其助熔剂含量为4.4wt%～9.9wt%，其中Fe_2O_3含量为1.6wt%～4.9wt%，TiO_2含量为1wt%～1.3wt%。

黑釉瓷器样品胎体SiO_2含量为67.6wt%～73.5wt%，平均值为70.55wt%；Al_2O_3含量为22.2wt%～28.1wt%，平均值为25.15wt%，其助熔剂含量在4.3wt%，其中Fe_2O_3含量为1.7wt%～2.2wt%，TiO_2含量在0.9wt%左右。

白地黑花瓷器样品JYJ989胎体所含有的SiO_2含量为70.5wt%，Al_2O_3含量为23.6wt%，其助熔剂含量为5.9wt%。

青花瓷器样品胎体的SiO_2含量为67.5wt%～72.4wt%，Al_2O_3含量为20.7wt%～23.57wt%。

经远舰沉船遗址出水青釉瓷、酱釉瓷、黑釉瓷以及白地黑花瓷和青花瓷样品胎体的主量成分相近，胎体SiO_2含量较高，Al_2O_3含量较低，总体呈现"高硅低铝"特征。

3. 瓷器釉层成分特征

经远舰沉船遗址出水青釉瓷器样品釉面层SiO_2含量为51.7wt%～76.6wt%，平均值为70.16wt%，Al_2O_3含量为13.9wt%～21wt%，平均值为16.13wt%；其助熔剂含量为7.8wt%～28.6wt%，其中碱金属氧化物含量为1.6wt%～7.6wt%，碱土金属氧化物含量为1.9wt%～7.2wt%。主要呈色剂Fe_2O_3含量为1.2wt%～3.8wt%，其平均值为2.22wt%。

酱釉瓷器样品釉层SiO_2含量为56.6wt%～71.3wt%，平均值为63.3wt%，Al_2O_3含量为12.3wt%～18.5wt%，平均值为16.07wt%。其助熔剂含量为11.3wt%～31wt%，其中碱金属氧化物含量为1.5wt%～3.3wt%，碱土金属氧化物含量为4.2wt%～18wt%，酱釉样品的主要呈色剂Fe_2O_3含量为3.8wt%～10wt%，其平均值为6.77wt%。

黑釉瓷器样品釉层SiO_2含量为61.9wt%～69.3wt%，平均值为65.6wt%，其Al_2O_3含量为19.2wt%～21.6wt%，平均值为20.4wt%；助熔剂含量为11.5wt%～16.5wt%，其中碱金属氧化物含量为1.1wt%～3.2wt%，碱土金属氧化物含量为5.1wt%～10.5wt%，黑釉样品所含有的Fe_2O_3含量为3.2wt%～4.9wt%，其平均值为4.05wt%。

白地黑花瓷器釉层SiO_2含量为72.7wt%，Al_2O_3含量为18.3wt%，其助熔剂含量为9wt%，碱金属氧化物含量为6.1wt%，碱土金属氧化物含量为2.9wt%。

青花瓷器样品釉层SiO_2含量为66.1wt%～67wt%，Al_2O_3含量为20.7wt%～23.57wt%，其助熔剂含量为14 wt%～19.5wt%。

出水瓷器瓷釉属于Na_2O（K_2O）-CaO（MgO）-Al_2O_3-SiO_2系高温釉。采用Seger釉式[①]，即$aR_2O \cdot bRO \cdot cR_2O_3 \cdot dRO_2$来表示釉的化学组成，其中$R_2O$、$RO$分别代表碱金属氧化物和碱土金属氧化物；$R_2O_3$、$RO_2$分别代表三价和四价氧化物。a、b、c、d分别是各类氧化物当碱性氧化物（R_2O+RO）的摩尔数为1时的系数。进一步将其细致划分，可分为钙釉、钙碱釉与碱钙釉，当b≥0.76，属钙釉；0.76>b≥0.5，属钙—碱釉；b<0.5，属碱—钙釉。其中，青釉瓷釉式系数b为0.2～0.8，说明样品分属于钙釉、钙—碱釉和碱—钙釉；酱釉瓷釉式系数b为0.56～0.92，样品分属于钙釉和钙—碱釉；

---

① 罗宏杰、李家治、高力明：《中国古瓷中钙系釉类型划分标准及其在瓷釉研究中的应用》，《硅酸盐通报》1995年第2期。

黑釉瓷釉式系数 b 为 0.61～0.91，样品属于钙釉和钙—碱釉；白地黑花瓷釉式系数 b 为 0.32，说明该样品属于碱—钙釉；青花瓷釉式系数 b 为 0.36～0.78，样品均属于碱—钙釉、钙釉范畴。

五、小结

分析结果表明，经远舰沉船遗址出水陶器样品 SiO_2 含量较高，Al_2O_3 含量较低，总体呈"高硅低铝"特征，烧制原料应为高硅质黏土。

出水青釉瓷、酱釉瓷、黑釉瓷和白底黑花釉以及青花瓷瓷器胎体成分主要以 SiO_2 和 Al_2O_3 为主，含有少量的 Fe_2O_3、K_2O、Na_2O、MgO，且 SiO_2 含量较高，Al_2O_3 含量较低，总体呈"高硅低铝"特征。

出水瓷器的釉层属于 Na_2O（K_2O）-CaO（MgO）-Al_2O_3-SiO_2 系高温釉。其中青釉瓷、酱釉瓷和黑釉瓷釉层主要属于钙—碱釉范畴，主要显色剂为 Fe_2O_3；白地黑花瓷釉层主要属于碱—钙釉；青花瓷釉层属于碱—钙釉、钙釉范畴。

第二节　玻璃分析研究

一、样品概况

据经远舰沉船遗址出水玻璃文物样品状况，共选取玻璃样品 13 件，其中 8 件经远舰舷窗玻璃样品，均为透明片状；5 件玻璃器物碎片样品，主要为黑色、红色、绿色半透明玻璃样品。取样情况如表 3.4。

表 3.4　经远舰沉船出水玻璃取样情况表

序号	样品编号	样品来源	样品数量	样品照片
1	B1019：JYJ-1	舷窗玻璃碎片	1	 0　　　2厘米
2	B1019：JYJ-2	舷窗玻璃碎片	1	 0　　　2厘米

续表

序号	样品编号	样品来源	样品数量	样品照片
3	B1020：JYJ	舷窗玻璃碎片	1	
4	B1021：JYJ	舷窗玻璃碎片	1	
5	B1022：JYJ	舷窗玻璃碎片	1	
6	B1023：JYJ	舷窗玻璃碎片	1	

序号	样品编号	样品来源	样品数量	样品照片
7	B1024：JYJ	舷窗玻璃碎片	1	
8	B1025：JYJ	舷窗玻璃碎片	1	
9	B1026：JYJ-1	玻璃器碎片	1	
10	B1026：JYJ-2	玻璃器碎片	1	

序号	样品编号	样品来源	样品数量	样品照片
11	B1027：JYJ	玻璃器碎片	1	 0　2厘米
12	B1028：JYJ-1	玻璃器碎片	1	 0　2厘米
13	B1028：JYJ-2	玻璃器碎片	1	 0　2厘米

二、分析方法

德国徕卡三维视频显微镜DVM6P，标准放大倍数为50×～1000×，摄像头为2/3英寸CCD芯片，1394卡采集，500万物理像素，位深12bit。

环境扫描电子显微镜（Thermo Scientific，Quattro S），工作电压20kV。搭配布鲁克Bruker QUANTAX EDS X射线能谱仪，SDD探头整理采集点的X荧光数据，对有效元素进行整理分析。

三、成分分析结果

利用扫描电镜—能谱仪分析玻璃剖面样品元素成分，结果见表3.5。

表3.5　经远舰沉船出水玻璃EDS分析结果　　　　　　　　　　（wt%）

编号 \ 元素	Na_2O	SiO_2	CaO	K_2O	FeO	MgO	Al_2O_3
JYJ1019-1	18.9	72.4	8.7	—	—	—	—
JYJ1019-2	20.5	70.7	8.8	—	—	—	—
JYJ1020	3.1	83.1	5.7	8.1	—	—	—
JYJ1021	20.5	71.0	8.5	—	—	—	—
JYJ1022	19.7	71.6	8.7	—	—	—	—
JYJ1023	19.6	71.4	8.9	—	—	—	—
JYJ1024	20.8	72.1	7.1	—	—	—	—
JYJ1025	15.0	65.9	8.5	—	—	10.6	—
JYJ1026-1	2.5	64.6	12.4	—	7.3	4.8	8.3
JYJ1026-2	18.4	71.3	6.6	0.5	—	0.1	3.1
JYJ1027	16.6	66.4	3.8	1.9	—	4.7	6.6
JYJ1028-1	18.0	69.6	4.3	0.9	—	2.8	4.3
JYJ1028-2	11.8	67.5	7.0	—	1.8	7.7	4.3

注："—"表示元素含量低于检出限。

四、玻璃成分特征

由EDS成分分析结果可见，除JYJ1020号样品属于K_2O-CaO-SiO_2体系（K_2O/Na_2O＞1）之外，其余样品属于Na_2O-CaO-SiO_2体系。其中舷窗玻璃样品均较为纯净，以Si元素为主，并含有Na和Ca元素，而玻璃器物样品如JYJ1026-1、JYJ1026-2、JYJ1027、JYJ1028-1、JYJ1028-2还添加了氧化镁和氧化铝，用于改善玻璃的耐热性、耐磨性等物理性质，Fe元素主要作为着色剂存在。

五、小结

经远舰舷窗玻璃具有良好的透光性，样品成分较为纯净，主要含有Na_2O、CaO和SiO_2，JYJ1020还含有K_2O。玻璃器物样品主要含有Na_2O、MgO、K_2O、CaO和SiO_2，显色元素Fe在不同的烧制气氛下呈现绿色、棕色及黑色等不同的颜色。

第四章 火药分析研究

一、样品概况

　　致远舰和经远舰沉船遗址出水文物中共有5件内部含有火药，对5个火药样品（图4.1）进行取样分析。其中1号样品、2号样品和4号样品为致远舰沉船遗址出水哈乞开斯炮弹内部火药，3号样品为

图 4.1　致远舰和经远舰沉船遗址出水金属文物及内部火药

1. 致远舰沉船遗址出水57毫米哈乞开斯炮弹及1号火药样品　2. 致远舰沉船遗址出水47毫米哈乞开斯开花炮弹及
2号火药样品　3. 经远舰沉船遗址出水53毫米哈乞开斯炮弹3号火药样品

4

5

图4.1 致远舰和经远舰沉船遗址出水金属文物及内部火药（续）

4.致远舰沉船遗址出水57毫米哈乞开斯炮弹头及4号火药样品　5.致远舰沉船遗址出水鱼雷引信及5号火药样品

经远舰出水哈乞开斯炮弹内部火药，5号样品为致远舰出水鱼雷引信内部火药。

57毫米哈乞开斯炮弹（2015DD：085）——致远舰沉船遗址出水，铜、铁复合材质文物且保存完整，炮弹壳和炮弹头内部均含有火药（1号样品），火药为黑褐色固体，并混合有一定量的锈蚀物。

47毫米哈乞开斯炮弹（2015DD：115）——致远舰沉船遗址出水铜质文物，炮弹头内部有球体弹丸，炮弹壳和炮弹头内部均含有火药（2号样品），火药为黑色固体，并混合有一定量的锈蚀物。

53毫米哈乞开斯炮弹（2018ZHJYJ：305）——经远舰沉船遗址出水铁质文物，仅存炮弹头部且保存不完整，内部含有火药（3号样品），火药为黑色固体，并混合有一定量的锈蚀物。

57毫米哈乞开斯炮弹（2015DD：067）——致远舰沉船遗址出水铁质文物，仅存炮弹头部，内部含有火药（4号样品）为微黄色立方体颗粒。

鱼雷引信（2015DD：068）——致远舰沉船遗址出水铜质文物，保存基本完整，内部火药（5号样品）为多段圆柱状。

二、分析方法

实验样品测试前进行充分干燥脱水、研磨成粉，并采用溶解、过滤等分离方式进行样品的水溶物、有机溶胶提取。对样品的固相、水溶物、溶胶采用傅里叶红外光谱仪、气相色谱质谱联用仪、电感耦合等离子体发射光谱仪、扫描电子显微镜及能谱分析仪和元素分析仪分析，判断火药成分。所用设备如下。

（1）傅里叶红外光谱分析：采用德国布鲁克（Bruker）公司EQUINOX55型FT-IR光谱仪，将样品制成溴化钾压片进行测试，测试范围为4000～400cm^{-1}，扫描32次，图谱分辨率为4cm^{-1}。

（2）气相色谱质谱联用仪分析：采用美国安捷伦（Agilent）公司7890A-5975C型GC/MS联用仪。色谱柱：HP-5MS（30m×0.25mm×0.25μm）弹性石英毛细管柱；进样口温度：280℃；分流比：100∶1；柱温：始温60℃，不保留，以10℃/min的升至270℃，保留5min；载气及流速：高纯氦气，1mL/min；接口温度：250℃；离子源及温度：EI源，温度220℃；电子轰击电压：70eV；进样量：0.2μL。

（3）电感耦合等离子发射光谱分析：采用美国瓦里安（Varian）公司VIATA-MPX型ICP-AES光谱仪，将样品酸解消化成均一溶液后进行测试。功率：1kW；等离子气流量：15L/min；辅助气流量：1.5L/min；雾化气压力：200kPa；观察高度：10毫米；根据各金属元素的特征发射波长强度进行定性定量分析。

（4）扫描电子显微镜—能谱分析：采用美国赛默飞公司Phenom XL-SED-EDS型扫描电子显微镜（带能谱仪），样品经表面喷金处理后进行电镜分析，采用能谱对样品中元素成分进行定性定量分析。加速电压：15kV。

（5）元素分析：德国Elementar公司VarioEL型全自动元素分析仪CHN模式。

（6）光学显微镜：德国Leica DM4 M显微镜，用于火药表面形貌观察。

（7）超景深显微镜：KEYENCE VHX-5000超景深显微镜，用于火药表面显微形貌观察。

三、分析结果

1. 57毫米哈乞开斯炮弹内部火药（1号样品）分析结果

炮弹内部火药为黑褐色固体颗粒，并混合有一定量的锈蚀物（图4.2）。经过滤和真空干燥后的1号样品水溶物为橘黄色固体颗粒，采用气相色谱质谱联用仪检测未出峰，表明水溶物中无可溶物的易挥发及汽化有机化合物。

图4.2 1号样品光学显微照片

1. 1号样品超景深显微照片　2. 1号样品光学显微照片

图4.3为1号样品傅里叶红外光谱图，图中固相和水溶物的主要吸收峰3436 cm^{-1}和1626 cm^{-1}为残留水分的特征吸收峰，1384 cm^{-1}为硝酸盐的特征吸收峰；固相1032 cm^{-1}、692 cm^{-1}和467 cm^{-1}为无

机硅酸盐的特征吸收峰，推测样品组分主要是硅酸盐、硝酸盐和带结晶水的氯化物无机盐。

1号样品固相和水溶物的扫描电子显微镜能谱仪分析结果如表4.1所示，图4.4为固相扫描电子显微镜背散射图。固相表层含有碳、氧、铝、硅、硫、氯、铁、钙、铜、钠和钾元素，水溶物表层元素主要是碳、氯和铁元素。根据相对含量，可推测1号样品固相中含有较多的碳、氧化物（Al、Si）、硅酸盐（Na、Al）、硫、氯化物（Fe、Na）。结合红外光谱分析结果可知水溶物主要组分为带结晶水的氯化铁。

表4.1　1号样品固相扫描电子显微镜能谱仪分析结果　　　　　　　　　　（wt%）

样品编号	C	O	Fe	Cl	Si	S	Ca	Na	Al	Cu	K	Mg
1号样品固相	22.3	33.6	25.0	8.6	4.1	1.8	0.2	1.3	1.0	1.9	0.2	—
1号样品水溶物	24.6	9.1	28.7	34.7	—	—	0.6	1.0	—	—	—	1.4

注："—"表示未检出，以下各类同。

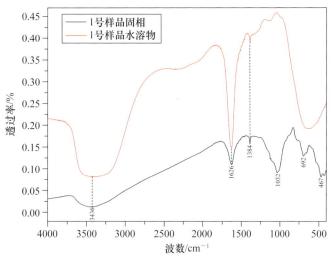

图4.3　1号样品傅里叶红外光谱图

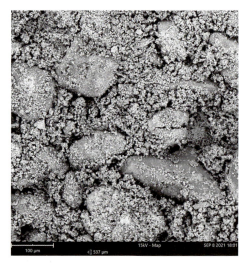

图4.4　1号样品固相背散射图

由于扫描电子显微镜及能谱仪只能对样品的表层元素进行分析，深层元素不易检出，而且定量结果只为相对值，故采用电感耦合等离子体发射光谱仪对1号样品固相和水溶物中的金属元素做进一步的定性定量分析，结果见表4.2。通过分析可知，电感耦合等离子体发射光谱仪检测结果与扫描电子显微镜及能谱仪检测结果基本一致，均显示1号样品中铁元素的含量较高。

表4.2　1号样品固相电感耦合等离子体发射光谱仪金属元素分析结果　　　　（wt%）

样品编号	Fe	Na	Al	Mg	K	Ca	Cu
1号样品固相	4.8	0.3	0.8	0.08	0.14	0.2	0.4
1号样品水溶物	23.1	2.6	—	0.2	0.4	0.3	—

通过以上分析可知，1号样品为复杂混合物，主要含有非金属元素碳、硫、氧、硅、氯以及金属元素铁、铝、镁、钾、钠、钙、铜，这些元素是常见的烟火剂组分元素，除碳和硫元素之外，金属元素主要以硅酸盐、硝酸盐、氧化物和氯化物等形式存在。

2. 47毫米哈乞开斯开花炮弹内部火药（2号样品）分析结果

47毫米哈乞开斯开花炮弹是一件保存较完整的致远舰沉船遗址出水铜质文物，炮弹头内部有球体弹丸，炮弹壳和炮弹头内部均含有火药，炮弹内部火药为黑色固体，并混合有一定量的锈蚀物（图4.5）。通过热水浸泡的方式提取得到2号样品水溶物，水溶物烘干后为浅蓝色粉末。

图4.5 2号样品超景深与光学显微照片

1.2号样品超景深显微照片　2.2号样品光学显微照片

使用傅里叶红外光谱仪分析2号样品，检测结果如图4.6所示，图中固相和水溶物的主要吸收峰3405 cm^{-1}和1619 cm^{-1}为残留水分吸收峰，1384 cm^{-1}为硝酸盐的特征吸收峰；固相1036 cm^{-1}和470 cm^{-1}为无机硅酸盐的特征吸收峰，1106 cm^{-1}和604 cm^{-1}为硫酸盐的特征吸收峰，500 cm^{-1}附近的宽吸收峰表明样品中含有无机氧化物。初步判定2号样品组分主要有硫酸盐、硝酸盐、硅酸盐和无机氧化物。

2号样品固相和水溶物扫描电子显微镜能谱仪分析结果如表4.3所示，图4.7为固相扫描电子显微镜背散射图。固相表层含有碳、氧、氮、镁、铝、硅、硫、钾、钙、铁、铜和锌元素，水溶物中主要有氧、锌、硫、镁、铜和钙元素。根据相对含量和傅里叶红外光谱数据可知，2号样品固相中有较多的碳、无机氧化物（Fe、Si）、硅酸盐（Al）、硝酸盐、硫或硫酸盐（Zn、Cu、Mg、Ca），水溶物主要是锌、铜、镁、钙的硫酸盐，其中碳、钾、氮、氧、硫为黑火药重要组成元素。

表4.3 2号样品扫描电子显微镜能谱仪分析结果 （wt%）

样品编号	C	O	Mg	Al	Si	S	K	Fe	Cu	Zn	Ca	N	Na
2号样品固相	37.9	26.9	0.7	2.8	6.5	4.2	1.6	5.0	7.9	2.0	2.7	1.7	—
2号样品水溶物	—	48.2	1.6	—	0.4	17.5	—	—	5.1	21.7	2.8	—	2.9

电感耦合等离子体发射光谱仪可对金属元素做进一步定性定量分析，由表4.4中数据可知，2号样品固相含有较高含量的铁、铜、锌元素和少量的钾元素，分析结果与扫描电子显微镜及能谱仪结果基本一致。

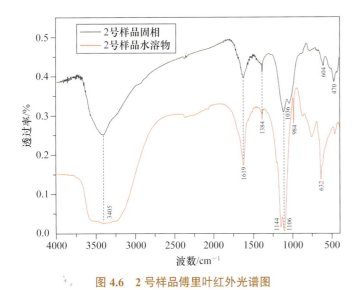

图 4.6　2号样品傅里叶红外光谱图

图 4.7　2号样品固相背散射图

表4.4　2号样品固相电感耦合等离子体发射光谱仪金属元素分析结果　　　　　（wt%）

样品编号	Fe	Pb	Al	Mg	K	Ca	Cu	Zn
2号样品固相	6.7	3.7	1.0	0.1	0.3	0.4	8.2	1.8

综合以上分析，2号样品中含有碳、硝酸盐、无机氧化物（Fe、Si）、硅酸盐（Al）、硫或硫酸盐（Zn、Cu、Mg、Ca），固相中含有的碳、氧、镁、铝、硅、硫、钾、钙、铁、铜和锌等元素，是常见的烟火剂组分元素，其中碳、钾、氮、氧、硫为黑火药重要组成元素。

3. 53毫米哈乞开斯炮弹头内部火药（3号样品）分析结果

53毫米炮弹头内部火药为黑色固体，并混合有一定量的锈蚀物（图4.8）。采用热水浸泡方式提取得到3号样品水溶物，水溶物烘干后为白色结晶物，定量结果为55.32%。

图 4.8　3号样品超景深与光学显微照片

1. 3号样品超景深显微照片　2. 3号样品光学显微照片

图4.9为3号样品傅里叶红外光谱图，图中固相和水溶物主要吸收峰1384 cm^{-1}和826 cm^{-1}为硝酸盐的特征吸收峰，因此3号样品初步定性的主要组分是硝酸盐。

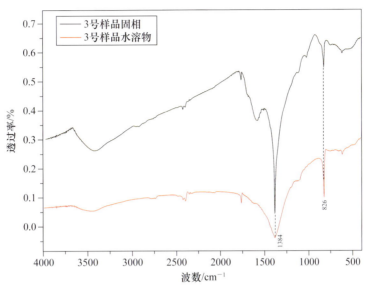

图4.9　3号样品傅里叶红外光谱图

扫描电子显微镜及能谱仪分析结果见表4.5，图4.10为固相扫描电子显微镜背散射图。3号样品固相表层含有碳、氧、钾、氮、硫、铁、钠、氯元素，根据相对含量可知，3号样品固相中有较多的碳、钾、铁、钠的硝酸盐、氯化物、氧化物，放大至1500倍面扫检测出含有钾、氮、氧元素，推测为硝酸钾（图4.11）。水溶物中主要有氧、钾、氮和少量的硫、氯元素，推测3号样品水溶物主要是硝酸钾，其中含有少量的氯化钠、硫酸盐。

表4.5　3号样品扫描电子显微镜能谱仪分析结果　　　　　　　　　　　（wt%）

样品编号	图像和测试点	C	O	S	K	Fe	Na	Cl	N
3号样品固相	图EDX1	54.7	27.6	2.6	2.8	7.6	0.6	0.3	3.9
	图EDX1	—	43.2	—	39.3	—	—	—	17.5
3号样品水溶物		—	50.0	0.7	32.6	—	0.6	0.4	15.7

电感耦合等离子体发射光谱仪测试结果（表4.6）与扫描电镜能谱结果一致，都显示3号样品固相中钾、铁、钠元素的含量较大。

表4.6　3号样品固相电感耦合等离子体发射光谱仪金属元素分析结果　　　　（%）

样品编号	Fe	K	Na
3号样品固相	5.6	20.7	0.5

分别采用丙酮和CCl$_4$有机溶剂对3号样品进行溶胶提取，结果表明3号样品无丙酮有机溶胶，有少量CCl$_4$有机溶胶，CCl$_4$溶胶除去溶剂后为黄色固体粉末，采用扫描电子显微镜及能谱仪分析可知，黄色粉末为硫单质，说明3号样品中的硫有一部分是以单质形式存在，采用化学分析对硫单质进行定

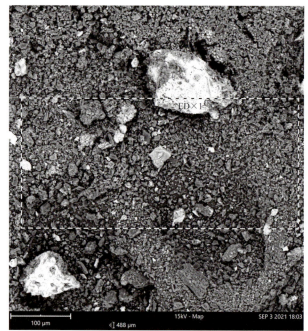

图 4.10 3 号样品固相背散射图

图 4.11 3 号样品中的硝酸钾

量结果为2.4%。综合以上分析，3号样品中含有碳、硫酸盐、2.4%的硫单质、53.7%的硝酸钾、1.3%的氯化钠和8.0%的三氧化二铁（表4.7），其中碳、硝酸钾、硫为黑火药组成成分。

表4.7 3 号样品分析检测结果

组分名称	含量/%	组分名称	含量/%
KNO_3	53.7	S	2.4
$NaCl$	1.3	C 及其他硫酸盐	34.6
Fe_2O_3	8.0		

4. 57毫米哈乞开斯炮弹头内部火药（4号样品）分析结果

57毫米炮弹头为致远舰沉船遗址出水铁质文物，仅存炮弹头部，炮弹头内部火药为微黄色立方体颗粒，边长为1.5～2毫米，火药结构呈纤维状（图4.12）。采用热水浸泡的方式提取得到4号样品水溶物，水溶物烘干后为白色粉末，定量结果为1.5%。分别采用丙酮和CCl₄有机溶剂对4号样品进行溶胶提取，得到含量为43.5%的棕黄色树脂丙酮溶胶，溶胶占比接近一半。

使用傅里叶红外光谱仪分析4号样品，检测结果如图4.13所示。固相和水溶物的红外光谱图中可见，主要吸收峰3421 cm⁻¹和1625 cm⁻¹为残留水分吸收峰，1385 cm⁻¹为硝酸盐的特征吸收峰；固相1430 cm⁻¹为碳酸盐的特征吸收峰，1030 cm⁻¹和470 cm⁻¹为无机硅酸盐的特征吸收峰，531 cm⁻¹处吸收峰表明样品中还含有无机氧化物；水溶物1115 cm⁻¹和605 cm⁻¹为硫酸盐的特征吸收峰。初步定性的组分主要有碳酸盐、硝酸盐、硅酸盐、硫酸盐和无机氧化物。

图4.13-2为4号样品溶胶傅里叶红外光谱仪分析结果，主要吸收峰3448 cm⁻¹为羟基的O-H伸缩振动峰、2919 cm⁻¹为-CH₂-上C-H伸缩振动峰、1654 cm⁻¹为-NO₂的不对称伸缩振动峰、1280 cm⁻¹为

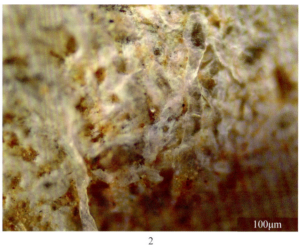

图 4.12　4 号样品超景深与光学显微照片

1. 4 号样品超景深显微照片　2. 4 号样品光学显微照片

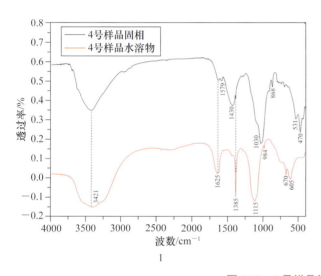
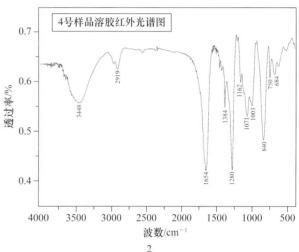

图 4.13　4 号样品傅里叶红外光谱图

1. 4 号样品固相和水溶物红外光谱图　2. 4 号样品溶胶红外光谱图

-NO$_2$ 的对称伸缩振动峰，1003～1162 cm^{-1} 之间的宽吸收峰为 C-O 及 C-O-C 的伸缩振动峰，684 cm^{-1} 和 750 cm^{-1} 为 -NO$_2$ 的弯曲振动峰，根据以上分析并对照红外标准谱库，确认 4 号样品溶胶为硝化纤维素（硝化棉）。元素分析硝化棉中的氮含量为 13.08%。4 号样品的 CCl$_4$ 溶剂没有溶胶，说明其中的硫主要是以硫酸盐形式存在，不含游离态硫。

4 号样品表面有黄褐色覆盖物，采用超声波清洗机清洗可去除，扫描电子显微镜及能谱仪对 4 号样品固相清洗前、清洗后和水溶物的分析结果见表 4.8。能谱分析结果表明，清洗前样品表层含有碳、氧、镁、铝、硅、硫、钾、钙、铁、铜、锌和铅元素，清洗后样品检测出氮元素，水溶物中主要有氧、硫、镁、钙、钾、氯和钠元素。根据相对含量可知，4 号样品固相表层含有较多的碳、无机氧化物（Fe、Cu、Zn、Pb）、硅酸盐（Al）、硝酸盐、硫或硫酸盐（Mg、K、Ca），水溶物成分主要是 Mg、Ca、K、Na 的硫酸盐、硝酸盐和氯化物。

表4.8　4号样品扫描电子显微镜能谱仪分析结果　　　　　　（wt%）

样品编号及图像	C	O	Mg	Al	Si	S	K	Ca	Fe	Cu	Zn	Pb	N	Na	Cl
4号样品固相（清洗前）	21.3	41.6	0.8	3.7	9.1	0.6	0.8	0.8	13.2	3.9	3.1	1.1	—	—	—
4号样品固相（清洗后）	30.2	51.7	—	0.3	0.5	—	—	—	4.4	—	—	—	13.0	—	—
4号样品水溶物	12.2	57.0	7.8	—	—	13.1	2.1	5.4	—	—	—	—	—	1.1	1.4

电感耦合等离子体发射光谱仪分析结果（表4.9）与能谱结果基本一致，都显示4号样品固相中铁、铝、铜、锌、铅、镁、钾和钙元素的含量较大。其中碳、氧、镁、铝、硅、硫、氮、钾、钙、铁、铜、锌和铅等元素是常见的烟火剂组分。

表4.9　4号样品固相电感耦合等离子体发射光谱仪金属元素分析结果　　　　　（%）

样品编号	Fe	Pb	Al	Mg	K	Ca	Cu	Zn
4号样品固相	13.2	0.8	2.9	0.3	0.6	0.7	4.3	1.5

综合以上分析，4号样品为含氮量13.08%的硝化纤维素，并混合有1.5%的Mg、Ca、K、Na的硫酸盐和氯化物，55%的碳以及Al、Si、Fe、Cu、Zn、Pb的氧化物、硅酸盐和碳酸盐（表4.10）。

表4.10　4号样品分析检测结果

组分名称	含量/wt%
硝化纤维素（N含量：13.08%）	43.5
Mg、Ca、K、Na的硫酸盐和氯化物	1.5
C以及Al、Si、Fe、Cu、Zn、Pb的氧化物、硅酸盐和碳酸盐	55.0

5. 鱼雷引信内部火药（5号样品）分析结果

鱼雷引信为致远舰沉船遗址出水铜质文物，内部含有多段圆柱状火药，每段火药高3.3～3.8厘米，直径约3.6厘米，内部呈纤维状（图4.14）。

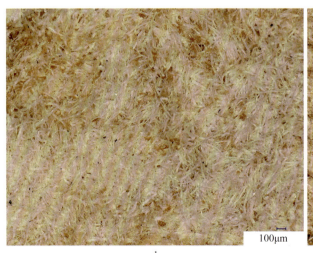 

100μm　　　　　　　　　　　　　　　　　100μm

1　　　　　　　　　　　　　　　　　　　2

图4.14　5号样品底面与侧面的超景深显微照片

1.5号样品底面超景深显微照片　2.5号样品侧面超景深显微照片

5号样品前处理后，分别过滤得到固相和水溶物两部分，水溶物采用气相色谱质谱联用仪分析，检测结果未出峰，表明水溶物中无可溶物的易挥发及汽化有机化合物。再对固相和水溶物真空干燥后得到5号样品固相（5号样品无可溶物），进行组分的定性定量分析。

5号样品固相为浅黄色粉末，傅里叶红外光谱仪检测结果如图4.15所示，图中主要吸收峰 $3448\ cm^{-1}$ 为羟基的O-H伸缩振动峰、$2926\ cm^{-1}$ 为 $-CH_2-$ 上C-H伸缩振动峰、$1655\ cm^{-1}$ 为 $-NO_2$ 的不对称伸缩振动峰、$1281\ cm^{-1}$ 为 $-NO_2$ 的对称伸缩振动峰，$1003\ cm^{-1}\sim1164\ cm^{-1}$ 的宽吸收峰为C-O及C-O-C的伸缩振动峰，$690\ cm^{-1}$ 和 $748\ cm^{-1}$ 为 $-NO_2$ 的弯曲振动峰，根据以上分析并对照红外光谱标准谱库确认5号样品固相为硝化纤维素（硝化棉）。使用全自动元素分析仪检测5号样品固相中含N量为11.05%。

扫描电子显微镜及能谱仪分析结果如图4.16和表4.11所示，检测结果与全自动元素分析仪检测结果基本符合，样品表层含有碳、氧、氮元素。综合以上分析，5号样品为含N量11.05%的硝化纤维素（硝化棉），推测为棉火药。

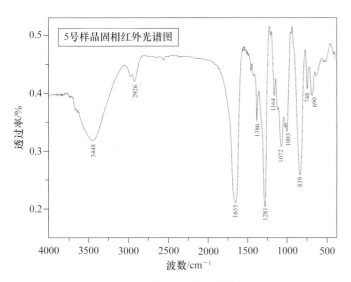

图4.15　5号样品固相红外光谱图

图4.16　5号样品固相背散射图

表4.11　5号样品固相扫描电子显微镜能谱仪分析结果　　　　　　（wt%）

样品编号	C	O	N
5号样品固相	25.1	58.7	16.2

四、讨论

晚清军工制造的发展，从产品结构上划分，大体可分为两个阶段：第一阶段，从19世纪60年代初至19世纪90年代末，主要特征是前装枪炮到早期后膛枪炮转变，所用发射药和炸药皆为黑火药或栗色火药；第二阶段，从19世纪90年代初至清亡。步枪发展为连发枪，开始制造轻重机枪，火炮已发展为管退炮，发射药为无烟药。两个阶段没有明显的时间界限，前装枪炮的制造并没有随着先进的后膛枪炮出现而退出历史舞台[①]。19世纪中后期，用来填装在弹头内的炸药大都还是古老的黑火药，这是由中国古代方士在炼丹时偶然发现的化学物质，主要成分是木炭和硫磺，如果在敞开的环境下点燃，只能发生伴随有浓烟的燃烧，只有在封闭条件下点燃时才会爆炸，其最通俗的例子就是中国妇孺皆知的爆竹[②]。

北洋海军从创建开始，通过外购和自造等途径获得的开花弹装填的都是黑火药，用火药来充当炸药，其威力极其有限，只能通过爆炸时产生的冲击波和炸开的炮弹碎片来杀伤敌军、破坏敌舰。为了达到破坏、损毁的目的，弹头内都填装有炸药，以便击中目标后能引起爆炸，弹头装药的威力直接影响到炮弹的爆炸效力。黄海大战时，北洋海军的大口径火炮曾多次命中日本军舰，但是未能直接对日本军舰造成大的损坏（"松岛"舰中弹爆炸等事为特例），甚至如排水量不足千吨的浅水炮舰"赤城"，在接连被"定远"舰305毫米口径巨炮炮弹击中后，都能侥幸逃脱，黑火药炮弹的破坏力之弱可见一斑[③]。北洋海军军舰上常用的就是这种不会爆炸的炮弹，击中敌舰后往往是左边进、右边出，产生不了大的杀伤力。

根据分析结果，1~3号样品含有的非金属元素C、S、O、Si、Cl以及金属元素Fe、Al、Mg、K、Na、Ca、Cu等是常见的烟火剂组分元素。除碳和硫外，金属元素主要以硅酸盐、硝酸盐、硫酸盐、氧化物和氯化物等形式存在，硝酸盐被广泛地用于烟火剂中作氧化剂，以供给燃烧时所需的氧。硝酸盐有两个活性基频振动的特征，$1400 \sim 1370 \ cm^{-1}$ 的强宽吸收谱带是属于N-O伸缩振动，$850 \sim 800 \ cm^{-1}$ 的中等强度的吸收谱带属于变形振动，不同金属的硝酸盐谱带形状和位置有所不同[④]。KNO_3 为黑火药中的氧化剂，是确定黑火药及其残留物的重要组分。硫磺作为易燃固体，一直是传统火药的重要原料之一[⑤]。3号样品检测到的 KNO_3、S单质和C，正是以硝石、硫磺、木炭为成分的三元体系火药。对1~3号火药样品的初步研究结果印证了19世纪中后期用来填装在弹壳内的火药大部分为黑火药。

甲午战争时，中国海军装备的鱼雷已经采用棉火药作为鱼雷战斗部的填充药，但并未普及至火炮的发射药使用[⑥]。日本联合舰队发射弹头的药包内，包装的是白色的棉火药，或称棉花药。这种将植物纤维素（棉花）沉浸到硝酸溶液中而生成的混合火药点燃后不会产生烟雾，即是一种无烟药[⑦]。根据火药形态结构、加工方法和基本燃烧性质等可分为均质火药和异质火药，单基发射药成分有硝化棉，将松散的硝化纤维形成均匀致密的结构，这类火药在制造过程中要将绝大部分溶剂从药柱内部驱逐出去，因而药柱的厚度受到限制，多制成小尺寸的药型，在枪炮装药中大量使用[⑧]。根据测量结果，4号样品为大量边长2毫米左右的立方体颗粒，5号样品为多段高约3.5、直径约3.6厘米的圆柱状火药。致远舰沉船遗址出水哈乞开斯炮弹和鱼雷引信内部火药制成的小尺寸药型，说明松散的硝化纤维需要制成均

---

① 高德罡：《晚清军工企业管理机制研究——以福州船政局、江南制造局为中心》，河北师范大学博士学位论文，2009年。
② 陈悦：《从弹头装药看黄海海战中日双方炮弹效能》，《北京档案》2012年第3期。
③ 陈悦：《从弹头装药看黄海海战中日双方炮弹效能》，《北京档案》2012年第3期。
④ 李淑兰：《烟火剂中硝酸盐的红外光谱测定》，《爆破器材》1989年第6期。
⑤ 何宁等：《综合运用仪器分析方法快速检验烟火剂》，《火工品》2018年第5期。
⑥ （清）魏允恭等：《江南制造局记》，上海文宝书局，1904年，文海出版社，1967年。
⑦ 陈悦：《从弹头装药看黄海海战中日双方炮弹效能》，《北京档案》2012年第3期。
⑧ 熊鹰：《硝化纤维素类发射药组分全分析方法研究》，南京理工大学硕士学位论文，2008年。

匀致密结构填充在枪炮内部，这也是印证该火药样品为棉火药的有力证据。硝化纤维素是发射药的主要能量物质，决定发射药的能量大小与硝化纤维素的氮含量息息相关，检测硝化纤维素的氮含量有助于了解发射药是否能正常使用[1]。4号样品硝化纤维素的含氮量为13.08%，5号样品硝化纤维素的含氮量为11.05%。含氮量在12.6%以上的硝化纤维属于爆炸物，常作为含能组分应用于火炸药、气体发生器、推进剂等领域[2]。根据样品含氮量检测结果可知，4号样品属于爆炸物，有一定的爆炸威力。

五、本章总结

致远舰和经远舰沉船遗址出水文物中火药样品分析结果表明，哈乞开斯炮弹和哈乞开斯开花炮弹内部填充药为黑火药，炮弹头和鱼雷引信内部填充药为棉火药，棉火药多制成小尺寸药型装填在枪炮中。该研究结果印证了19世纪中后期用来填装在弹壳内的火药大部分为黑火药，也有部分为棉火药。其中黑火药的威力极其有限，而棉火药只有致远舰沉船遗址出水炮弹头内部火药有一定的爆炸效力。本文对火药样品的初步研究，可以为北洋水师在甲午海战时配备的武器装备提供实物证据，并且对火药史学的研究也具有重要意义。

---

① 李泽瀚等：《发射药氮含量检测方法研究》，《山东化工》2021年第9期。

② 张云华、邵自强：《三元体系相分离制备硝化纤维素凝胶及其动态流变性的研究》，《火炸药学报》2015年第2期；Pourmortazavi S M, Hosseini S G, Rahimi-Nasrabadi M, et al. Effect of nitrate content on thermal decomposition of nitrocellulose [J]. Journal of hazardous materials, 2009 (162): 1141-1144; Katoh K, Ito S, Kawaguchi S, et al. Effect of heating rate on the thermal behavior of nitrocellulose [J]. Journal of thermal analysis and calorimetry, 2010, 100 (1): 303-308.

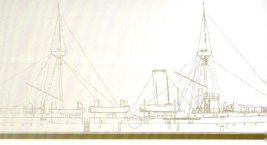

第五章　文物病害分析

本章对致远舰和经远舰沉船遗址出水铁器、铜器、陶瓷、玻璃、有机质文物的病害进行分析研究，所采用的仪器设备型号和参数如下：

（1）体视显微镜：尼康SMZ1270，结合了DS-L3相机控制器或NIS-Elements图像软件，具有较高变焦比12.7×（0.63~8×）。配备复消色差光学系统，可提供色差校正水平。配备双物镜，有利于同轴成像、无畸变的景深扩展（EDF）拍摄。

（2）便携式X射线荧光光谱仪（μ-XRF）：德国布鲁克（Bruker）。

（3）X射线荧光光谱仪（XRF）：帕纳科PANalytical（荷兰）Axios X-荧光光谱仪。

（4）X射线衍射仪（XRD）：帕纳科PANalytical（荷兰）Xpert Pro MPD X-射线衍射仪；日本理学RINT2000 X射线衍射仪。

（5）激光显微共聚焦拉曼光谱仪（RAMAN）：RENISHAW inVia，配备研究级徕卡显微镜，空间分辨率＜0.5μm。使用氪灯作为信号源，1800线高分辨光栅，紫外和近红外同时增强型CCD探测器。光谱范围：200~1100nm。光谱分辨率优于1波数。阻挡激光瑞利散射水平优于1014。实验条件：532nm激发波长，激光器功率280mW，激光功率密度5%，扫描时间10s，扫描次数5次。

（6）扫描电子显微镜—能谱分析（SEM-EDS）：采用美国赛默飞公司Phenom XL型扫描电子显微镜和能谱仪，样品经表面喷金处理后进行电镜分析，采用能谱对样品中元素成分进行定性定量分析。加速电压：15kV；束流强度：能谱面扫。Hitachi S-3600N扫描电子显微镜及美国EDAX公司Genesis 2000XMS型X射线能谱仪。

第一节　铁器病害分析

一、病害概况

致远舰和经远舰沉船遗址出水铁器119件/套，其病害类型包括残缺、裂隙、变形、层状剥离、孔洞、瘤状物、表面硬结物、点腐蚀、缝隙腐蚀、全面腐蚀等。典型病害类型如图5.1。

二、样品概况与分析方法

海水作为海洋环境的主要组成要素，是一个非常复杂的化学体系，具有很强的反应活性。加之钢铁本身性质活泼、化学稳定性差且易被腐蚀，海洋出水铁质文物通常锈蚀严重，易锈蚀在一起形成凝

图 5.1 致远舰与经远舰出水铁质文物典型病害

1. 裂隙、全面腐蚀 2. 瘤状物、表面硬结物、全面腐蚀 3. 层状剥离、表面硬结物、全面腐蚀 4. 表面硬结物、全面腐蚀

结物。为了解致远舰与经远舰出水铁质文物锈蚀物中的有害盐分和锈蚀物的含量与组成，选取经远舰沉船遗址出水 60 件铁质文物锈蚀物样品，采用 X-荧光光谱仪进行元素成分分析，采用 X 射线衍射仪进行物相分析。

三、分析结果

X 射线荧光光谱仪元素成分分析结果见附录 3，可以看出，经远舰沉船出水铁质文物锈蚀产物中的 Cl 元素含量介于 1.1% ~ 11.4%，含量普遍较高。在诸多的腐蚀影响因素中，氯离子的存在是铁质文物不稳定的重要原因之一。氯离子是腐蚀得以循环发生的原因；氯离子能够阻止钢铁表面生成的活性 γ-FeOOH 向非活性的 α-FeOOH 转变，并破坏钢铁钝化膜的形成；氯离子能加速点蚀、应力腐蚀、晶间腐蚀和缝隙腐蚀等局部腐蚀。

X 射线衍射分析结果见附录 4，部分谱图见图 5.2。

由图 5.2、附录 4 可知，经远舰沉船遗址出水铁质文物锈蚀样品的主要物相组成为石英（SiO_2）和四方纤铁矿（β-FeOOH）。石英主要来自于海泥等污染物；β-FeOOH 是海洋出水铁质文物中常见的含氯腐蚀产物，经常以 β-FeOOH 的存在来判断器物中是否含有有害盐。Cl^- 存在于 β-FeOOH 的晶格结构中，当有多余的自由 Cl^- 存在时，β-FeOOH 成为主要的锈蚀产物。β-FeOOH 不是铁器最初的

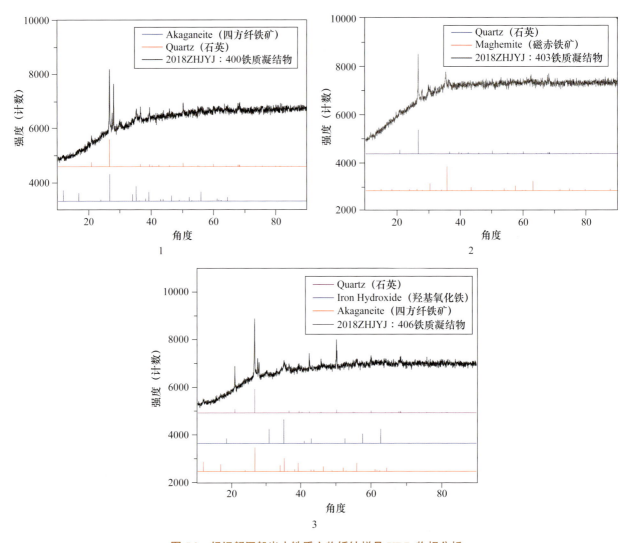

图 5.2　经远舰沉船出水铁质文物锈蚀样品 XRD 物相分析

1. 2018ZHJYJ：400 铁质锈蚀物样品 XRD 谱图　2. 2018ZHJYJ：403 铁质锈蚀物样品 XRD 谱图

3. 2018ZHJYJ：406 铁质锈蚀物样品 XRD 谱图

腐蚀产物，而是铁器从海里打捞出水后经干燥、氧化后形成的。β-FeOOH 的存在表明铁器持续发生着腐蚀[①]。

四、小结

以经远舰沉船遗址出水铁质文物为例，探究了甲午沉舰出水铁质文物锈蚀物的主要成分与物相组成，锈蚀物中氯元素含量普遍较高，且存在含氯腐蚀产物四方纤铁矿。因此，在开展修复工作之前，需对致远舰和经远舰出水铁质文物进行必要的除锈和脱盐处理，分析研究结果为保护修复技术路线选择提供了科技支撑。

---

① Mark R Gilberg, Nigel J Seeley. The identity of compounds containing chloride ions in marine iron corrosion products: a critical review [J]. Studies in conservation, 1981, 26 (2): 50-56.

第二节 铜器病害分析

一、病害概况

致远舰和经远舰沉船遗址出水铜器488件/套，其病害类型包括残缺、裂隙、变形、层状堆积、孔洞、瘤状物、表面硬结物、通体矿化、点腐蚀、缝隙腐蚀、全面腐蚀等，见图5.3。

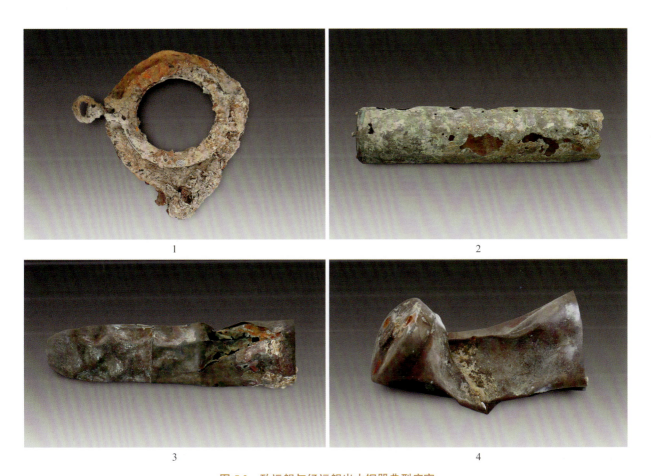

图5.3 致远舰与经远舰出水铜器典型病害

1.层状堆积、瘤状物、表面硬结物、全面腐蚀 2.孔洞、表面硬结物、点腐蚀、全面腐蚀
3.变形、表面硬结物、全面腐蚀 4.变形、表面硬结物、全面腐蚀

二、样品概况与分析方法

以经远舰遗址出水2件57毫米哈乞开斯炮弹（2018ZHJYJ：002、2018ZHJYJ：006）和1件表面覆盖大量凝结物的木构件上的铜钉（2018ZHJYJ：035）为例，采用显微镜对其表面凝结物和锈蚀物进行分析，采用Raman光谱仪对其表面析出的盐分进行分析（图5.4）。

图 5.4　开展病害分析的经远舰沉船遗址出水文物

1.哈乞开斯炮弹（2018ZHJYJ：002）　2.哈乞开斯炮弹（2018ZHJYJ：006）　3.铜钉（2018ZHJYJ：035）

三、分析结果

1.哈乞开斯炮弹病害分析

通过显微镜观察可以看出，哈乞开斯炮弹表面凝结物和锈蚀物主要为白色、绿色、蓝色和红色等粉末状固体，显微镜照片如图5.5所示。

采用拉曼光谱仪对不同颜色的锈蚀物进行物相分析，部分谱图如图5.6和图5.7。从拉曼光谱分析结

图 5.5　哈乞开斯炮弹表面凝结物显微镜照片

1.2018ZHJYJ：002白色凝结物　2.2018ZHJYJ：002绿色凝结物

图 5.5　哈乞开斯炮弹表面凝结物显微镜照片（续）

3. 2018ZHJYJ：002黄色凝结物　　4. 2018ZHJYJ：006红色、蓝色凝结物

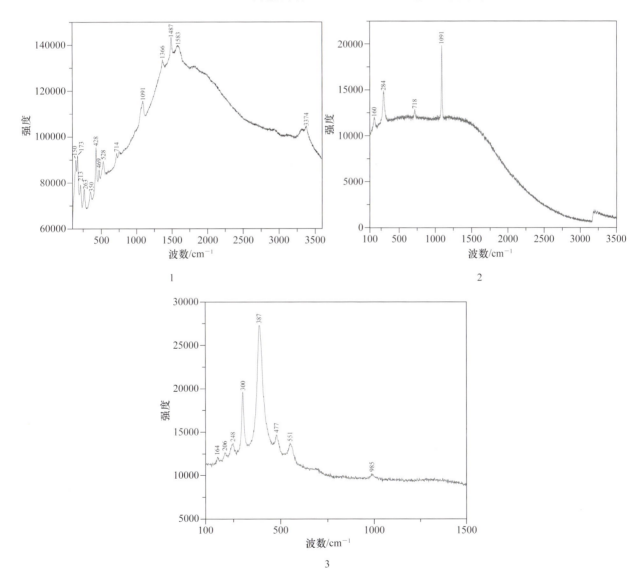

图 5.6　2018ZHJYJ：002 炮弹表面凝结物拉曼光谱图

1. 孔雀石［$Cu_2(OH)_2CO_3$］　2. 碳酸钙（$CaCO_3$）　3. 针铁矿（α-FeOOH）

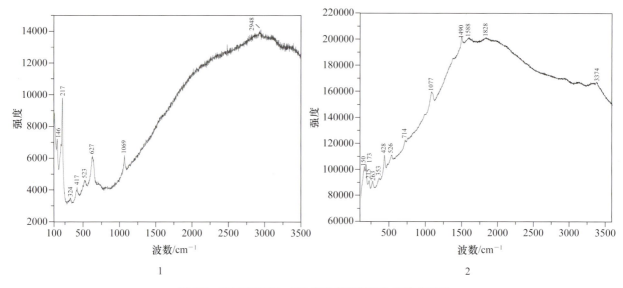

图 5.7 2018ZHJYJ：006 炮弹表面凝结物拉曼光谱图
1. 赤铜矿（Cu_2O） 2. 孔雀石 [$Cu_2(OH)_2CO_3$]

果可见，57毫米哈乞开斯炮弹（2018ZHJYJ：002）表面绿色凝结物为孔雀石 [$Cu_2(OH)_2CO_3$]，白色凝结物为碳酸钙（$CaCO_3$），黄色凝结物为针铁矿（α-FeOOH）。57毫米哈乞开斯炮弹（2018ZHJYJ：006）表面红色凝结物为氧化亚铜（Cu_2O），蓝绿色凝结物为孔雀石 [$Cu_2(OH)_2CO_3$]。

2.铜钉病害分析

经远舰沉船遗址出水大量铜钉，选取1件表面覆盖大量凝结物的木构件上的铜钉（2018ZHJYJ：035），对其表面凝结物进行分析。通过显微镜观察可以看出，铜钉表面凝结物主要为黄白色和蓝绿色，显微镜照片如图5.8所示。

图 5.8 铜钉（2018ZHJYJ：035）凝结物显微镜照片

采用拉曼光谱仪对不同颜色的锈蚀物进行物相分析，部分谱图如图5.9。从拉曼光谱分析结果可见，铜钉（2018ZHJYJ：035）表面蓝绿色锈蚀主要为孔雀石 [$Cu_2(OH)_2CO_3$]，黄白色凝结物主要为碳酸钙（$CaCO_3$）。

四、小结

根据哈乞开斯炮弹及铜钉病害分析可知，海洋出水铜器表面凝结物和锈蚀物较为复杂，与器物所处的环境有密切关系。碳酸钙是海洋生物骨骼、贝壳和珊瑚等遗骸的主要成分；赤铜矿和孔雀石是铜器上常见的腐蚀产物，金属基体上的最初腐蚀产物是赤铜矿，而孔雀石通常形成于赤铜矿锈层之上[①]。

---

① 〔美〕大卫·斯考特著，马清林、潘路等译：《艺术品中的铜和青铜：腐蚀产物颜料保护》，科学出版社，2009年。

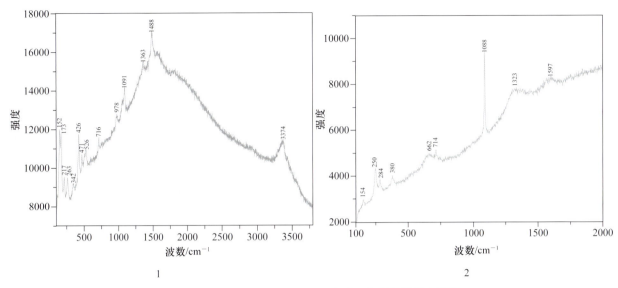

图 5.9　铜钉（2018ZHJYJ：035）表面凝结物拉曼光谱图

1. 孔雀石［$Cu_2(OH)_2CO_3$］　2. 碳酸钙 $CaCO_3$

　　通过铜器保存状况调查和凝结物、锈蚀物的分析研究可以看出，铜器表面存在一些疏松的凝结物和锈蚀物，且其中含有一定的盐分。随着出水后环境温湿度等因素改变，凝结物和盐类活动会随之发生变化，可能造成铜器本体受到破坏，因此对铜器表面的疏松凝结物进行适当的清理，但应保留赤铜矿、孔雀石等铜器锈蚀物。之后进行脱盐、干燥、缓蚀、封护等保护处理。通过这些针对性的保护措施，尽可能保护好这批珍贵历史文物。

第三节　陶瓷病害分析

一、病害概况

　　致远舰和经远舰沉船遗址出水无机非金属质文物共61件/套，其中陶瓷质文物46件/套。由于战舰沉没时遭受剧烈爆炸严重损毁，瓷器受损严重，在海洋环境中，长期经受海水、海洋生物和海洋沉积物等对陶瓷器的侵蚀，陶瓷器呈现破碎、缺损、惊纹、冲口、裂缝、毛边、伤釉、伤彩等多种病害。90%以上存在残缺，30%以上瓷器有裂隙、表面附着物及生物损害，所有瓷器有不同程度的侵蚀现象。文物表面发生色泽改变，呈暗黄褐色、褐色和黄色。瓷器出水后这些病害仍然会对其造成持续影响，影响文物外观和稳定性，甚至会造成新的裂缝和断裂。致远舰与经远舰出水陶瓷文物典型病害见图5.10。

二、样品概况与分析方法

　　选择六个经远舰遗址出水陶瓷样品，采用显微镜和扫描电镜能谱仪进行病害分析，样品见图5.11。

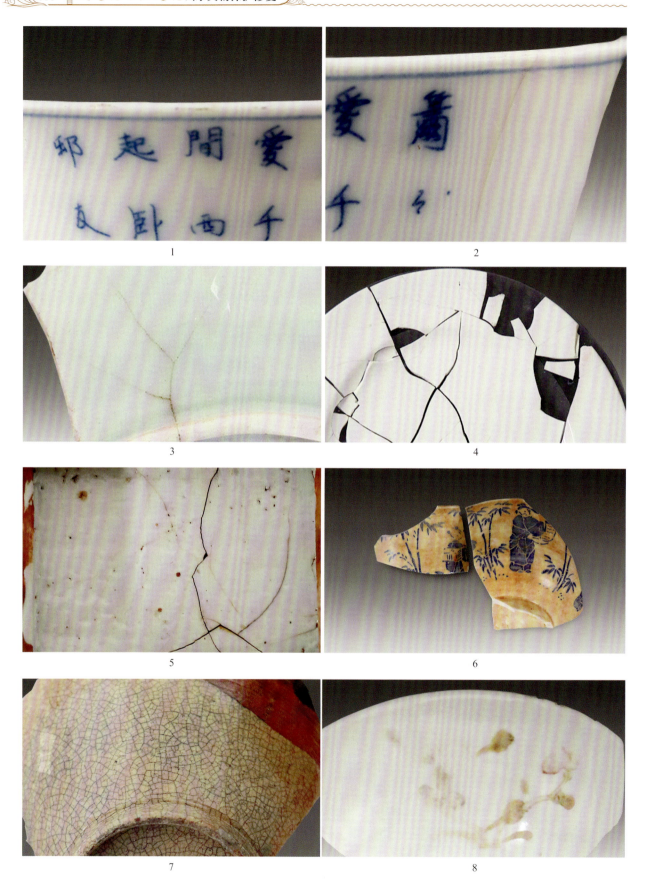

图 5.10　致远舰与经远舰出水陶瓷文物典型病害

1. 毛边　2. 冲口　3. 惊纹　4. 缺损　5. 破碎　6. 侵蚀　7. 伤釉　8. 伤彩

图 5.11　陶瓷器病害分析样品

1. JYJ988酱釉瓷片　2. JYJ993红陶碎片　3. JYJ994青花瓷片　4. JYJ996青釉瓷片　5. JYJ998酱釉瓷片　6. JYJ1012-2瓷片

三、分析结果

1. JYJ988酱釉瓷片分析

由OM图片（图5.12，1）可见，釉层表面存在黄褐色区域，对应SEM图片（图5.12，2、3）可看出黄褐色区域孔隙较多、针状物质纵横交错并夹杂有亮色颗粒。EDS分析结果（表5.1）显示，黄褐色区域均含有较高含量的FeO，可能是环境中的Fe元素沉积在样品表面所致。

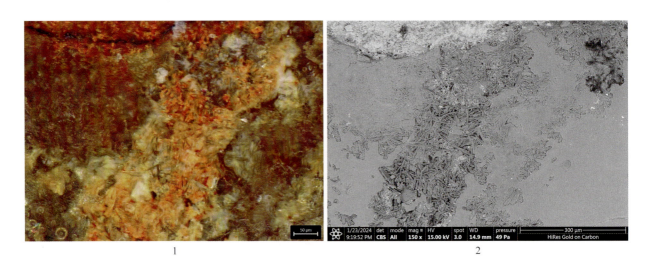

1

3

图 5.12　JYJ988 样品显微镜与扫描电镜图
1. OM照片（150×）　2. SEM照片（150×）　3. EDS分析（500×）

表5.1　JYJ988样品EDS分析结果　　　　　　　　　　　　　　　　（wt%）

编号	Na_2O	MgO	Al_2O_3	SiO_2	CaO	FeO
Spectrum 1	4.2	2.9	22.4	57.0	5.0	8.5
Spectrum 2	4.1	2.5	25.3	54.5	5.6	8.1

续表

编号	Na₂O	MgO	Al₂O₃	SiO₂	CaO	FeO
Spectrum 3	6.0	2.8	25.3	53.0	4.8	8.1
Spectrum 4	4.9	2.6	23.9	55.3	5.0	8.3
Spectrum 5	7.6	—	28.1	52.3	4.4	7.7
Spectrum 6	5.0	3.2	26.6	51.8	5.0	8.4

注："—"表示元素含量低于检出限。

2. JYJ993红陶样品分析

由OM图像（图5.13，1）可见，釉层表面存在大片颜色不均匀的黄褐色区域，对应的SEM图片（图5.13，2、3）显示出黄褐色区域为纵横交错的针状物质，EDS分析结果（表5.2）显示黄褐色区域均含有较高的FeO。

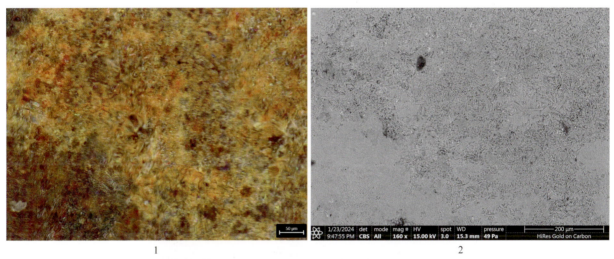

1

3

图 5.13 JYJ993 样品显微镜与扫描电镜图

1. OM照片（160×） 2. SEM照片（160×） 3. EDS分析（1000×）

表 5.2　JYJ993 样品 EDS 分析结果　　　　　　　　　　（wt%）

编号	Na₂O	MgO	Al₂O₃	SiO₂	CaO	FeO
Spectrum 1	5.2	2.7	26.7	53.9	4.8	6.7
Spectrum 2	4.9	3.0	28.3	51.1	5.0	7.8
Spectrum 3	6.1	2.9	30.1	49.9	4.2	6.8

由 OM 图像（图 5.14，1）可见样品表层附着有一层浅白色物质，对应的 SEM 图像（图 5.14，2 ~ 4）显示样品表层为架空层，纵横交错的针状物质作为支撑，表层物质的 EDS 结果（表 5.3）显示其含 FeO 含量高达 61.1%，釉层其他部位 FeO 含量也相对较高。高含铁层区域更近的釉层腐蚀现象更明显，推测铁元素可促进釉面腐蚀的产生和发展。

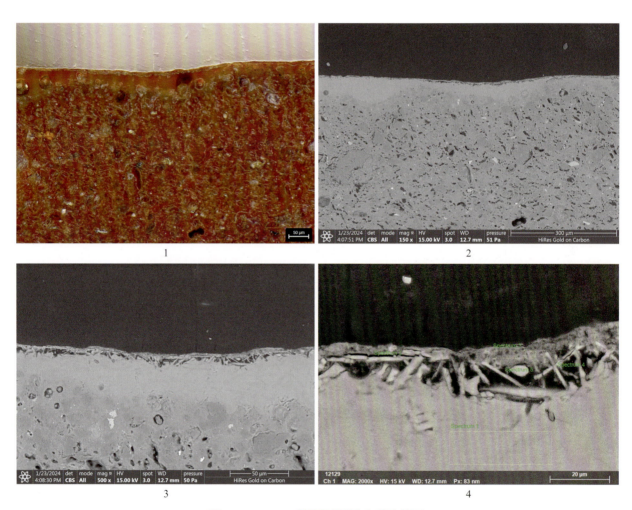

图 5.14　JYJ993 样品显微镜与扫描电镜图

1. 剖面 OM 照片（150×）　2. 剖面 SEM 照片（150×）　3. 剖面 SEM 照片（150×）　4. EDS 分析（2000×）

表 5.3　JYJ993 号样品 EDS 分析结果　　　　　　　　　　（wt%）

成分 / 编号	Na₂O	MgO	Al₂O₃	SiO₂	K₂O	CaO	FeO
Spectrum 1	1.4	2.5	17.4	65.9	—	7.2	5.6
Spectrum 2	—	—	3.7	25.0	1.0	9.3	61.1

续表

成分 编号	Na$_2$O	MgO	Al$_2$O$_3$	SiO$_2$	K$_2$O	CaO	FeO
Spectrum 3	2.4	1.5	26.9	54.6	—	6.1	8.4
Spectrum 4	2.0	—	23.7	60.1	—	7.0	7.2
Spectrum 5	2.2	1.4	20.4	61.1	—	6.6	8.3

注："—"表示元素含量低于检出限。

3. JYJ994青花瓷片分析

由面扫描元素分布图（图5.15）可见，釉层表面的凹坑中存在Fe元素聚集现象，应是釉层表面发生全等溶解腐蚀后，露出釉层内部的气泡坑，然后环境中Fe元素在凹坑内沉积。

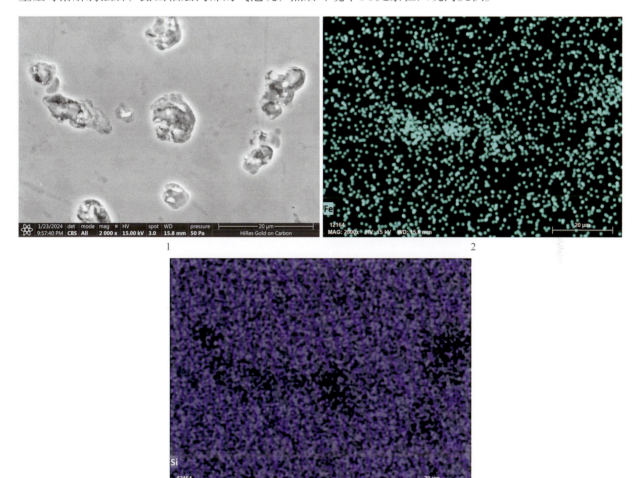

图5.15 JYJ994样品SEM面扫描元素分布图

1. SEM图片 2. Fe元素分布图 3. Si元素分布图

4. JYJ995瓷片分析

经远舰沉船出水陶瓷器JYJ995号样品，由面扫描元素分布图（图5.16）可见，釉面的鱼鳞状凹坑表现为Fe元素聚集，Si、Al、Ca元素较少。

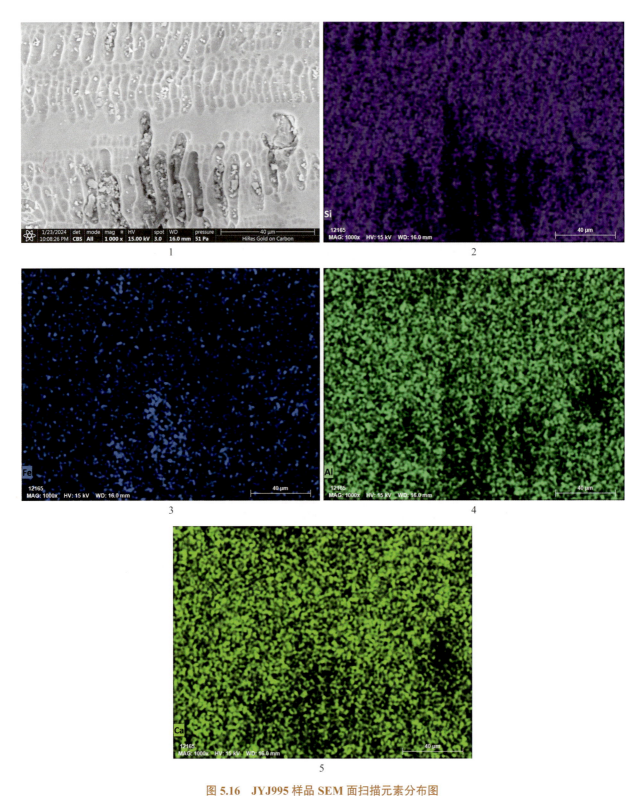

图 5.16　JYJ995 样品 SEM 面扫描元素分布图

1. SEM 图片　2. Si 元素分布图　3. Fe 元素分布图　4. Al 元素分布图　5. Ca 元素分布图

5. JYJ996 青釉瓷片分析

由面扫描元素分布图（图 5.17）可见，釉面的裂隙处存在明显的 Fe 元素聚集现象。

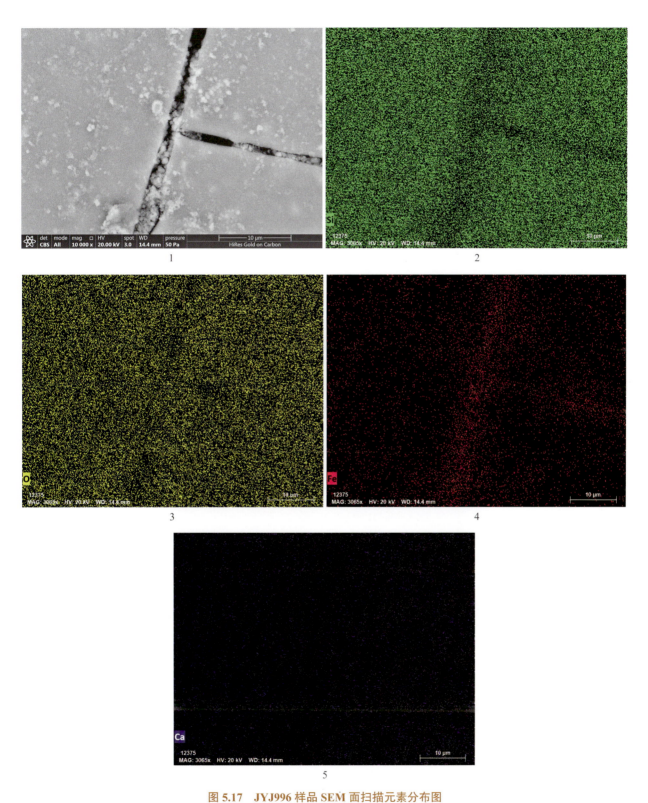

图 5.17 JYJ996 样品 SEM 面扫描元素分布图

1. SEM 图片 2. Si 元素分布图 3. O 元素分布图 4. Fe 元素分布图 5. Ca 元素分布图

　　由 OM 图像（图 5.18，1）可见，胎釉结合处存在大量的黑色小颗粒，对应 SEM 图片（图 5.18，2～4）显示孔隙处的黑色小颗粒呈现多面体聚合而成的球状，结合 EDS 分析结果（表 5.4）并分析其各

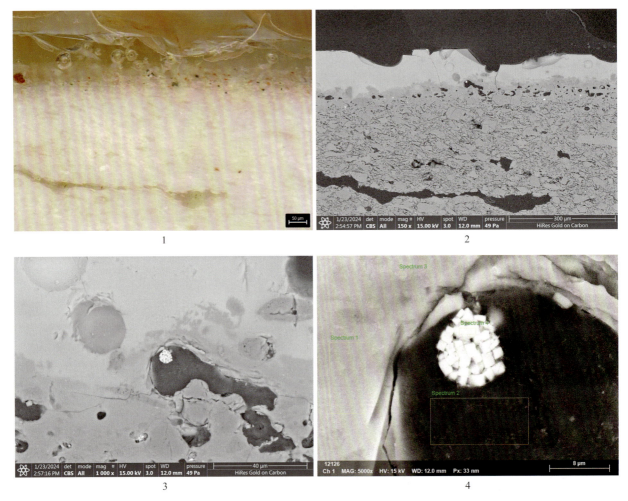

图 5.18　JYJ996 样品显微镜与扫描电镜图

1. 剖面 OM 照片（150×）　2. 剖面 SEM 照片（150×）　3. 剖面 SEM 照片（1000×）　4. 剖面 EDS 分析（1500×）

元素的摩尔比值，推测黑色小颗粒为黄铁矿。黄铁矿的生成和存在会加速瓷器釉层的腐蚀进程，不利于瓷器的保存。

表 5.4　JYJ996 样品 EDS 分析结果　　　　　　　　　　　　　　　　（wt%）

成分\编号	Na_2O	Al_2O_3	SiO_2	K_2O	CaO	SO_3	FeO	Cl
Spectrum 1	4.0	23.9	66.8	2.9	2.4	—	—	—
Spectrum 2	2.4	18.7	74.8	2.8	—	—	—	1.2
Spectrum 3	4.8	22.0	67.4	1.7	4.2	—	—	—
Spectrum 4	—	—	1.6	0.6	3.0	44.4	50.4	—

注："—"表示元素含量低于检出限。

6. JYJ998 酱釉瓷片分析

由 OM 图像（图 5.19，1）可见，釉层中存在气泡孔，对应的 SEM 图像（图 5.19，2~4）显示孔洞壁上存在实心的块状和框架状的白色物质聚集。EDS 分析结果（表 5.5）显示，实心块状物质的主要成分为 FeO 和 SiO_2，而框架白色物质和主要成分为 SiO_2 和 Al_2O_3，两类物质的成分差异极大。

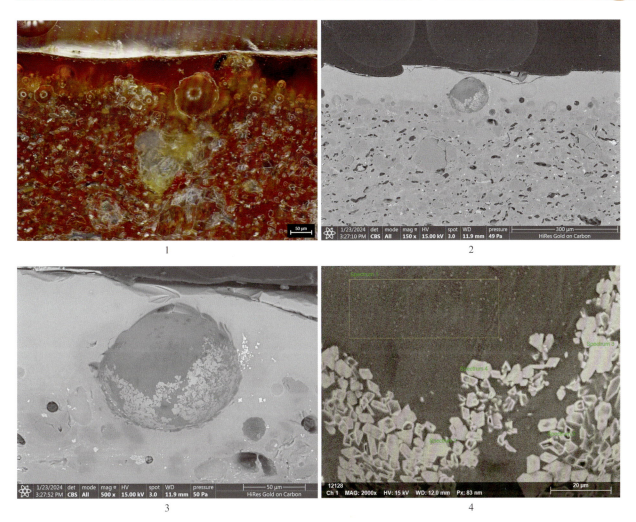

图 5.19 JYJ998 样品显微镜与扫描电镜图

1. 剖面 OM 照片（150×） 2. 剖面 SEM 照片（150×） 3. 剖面 SEM 照片（500×） 4. 剖面 EDS 分析（2000×）

表 5.5 JYJ998 样品 EDS 分析结果 （wt%）

成分 编号	Na_2O	MgO	Al_2O_3	SiO_2	K_2O	CaO	FeO	TiO_2
Spectrum 1	0.8	1.2	13.4	57.3	1.6	8.2	17.5	—
Spectrum 2	—	—	21.1	63.7	1.0	2.2	11.1	0.9
Spectrum 3	0.6	—	9.9	36.8	0.0	8.1	44.6	—
Spectrum 4	—	—	20.7	66.4	1.0	3.0	8.9	—
Spectrum 5	—	—	3.4	20.3	0.8	7.8	62.5	5.1

注："—"表示元素含量低于检出限。

7. JYJ1012-2 瓷片分析

由 OM 图像（图 5.20，1）可见釉层表面存在大量的黑色反光区域，SEM 图像（图 5.20，2、3）下该区域由大量不连续的不规则球形聚集形成，EDS 分析结果（表 5.6）显示，黑色反光区域的 FeO 含量高达 85% 以上，推测其实环境中的 Fe 元素在釉层表面附着堆积形成。

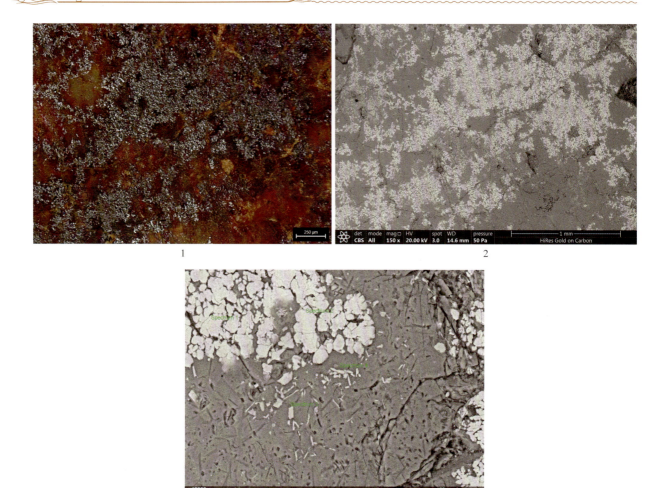

图 5.20　JYJ1012-2 样品显微镜与扫描电镜图

1. OM照片（150×）　2. SEM照片（150×）　3. EDS分析（2000×）

表5.6　JYJ1012-2样品EDS分析结果　　　　　　　　　　　　　　（wt%）

成分 编号	Na₂O	Al₂O₃	SiO₂	K₂O	CaO	TiO₂	FeO
Spectrum 1	—	—	—	—	—	9.9	90.1
Spectrum 2	—	—	4.6	—	—	9.9	85.5
Spectrum 3	3.7	15.6	41.7	7.4	2.8	3.6	25.2
Spectrum 4	—	8.2	24.9	5.6	4.4	6.7	50.3

注："—"表示元素含量低于检出限。

四、小结

　　致远舰和经远舰沉船出水陶瓷器在长期的海洋埋藏环境中，经受海水、海洋生物和海洋沉积物的侵蚀，存在多种病害类型。通过对典型陶瓷器的病害分析，可以明显看出釉层表面腐蚀形貌明显处，均存在较多的Fe元素沉积，推测Fe元素与釉层的腐蚀密切相关，可能会存在促进腐蚀的作用。

第四节 玻璃腐蚀分析

一、病害概况

致远舰和经远舰沉船出水玻璃器数量较少，主要为容器类的玻璃瓶和构件类的玻璃片，还有一些玻璃残片。文物病害类型主要包括残缺、裂隙、表面污染等，以及肉眼观察不明显的釉面腐蚀。

二、样品概况与分析方法

以经远舰沉船遗址出水的两个玻璃残片JYJ1021和JYJ1022（图5.21）为例，采用光学显微镜和扫描电镜对玻璃残片的腐蚀情况进行分析研究。

1

2

图 5.21 玻璃样品图片
1. JYJ1021 2. JYJ1022

三、分析结果

1. 玻璃样品JYJ1021病害分析

经远舰沉船出水JYJ1021玻璃样品表面的腐蚀形貌如图5.22所示。由OM图像（图5.22，1）可见，JYJ1021玻璃样品表层存在虹彩和亮色颗粒，SEM图像（图5.22，2）显示玻璃表层布满网格，推测虹彩是由凹凸不平的网格表面对光的反射和折射角度不同综合导致。EDS结果（表5.7）显示亮色颗粒的FeO含量为89.3%，这是由于环境中的Fe元素堆积附着形成。

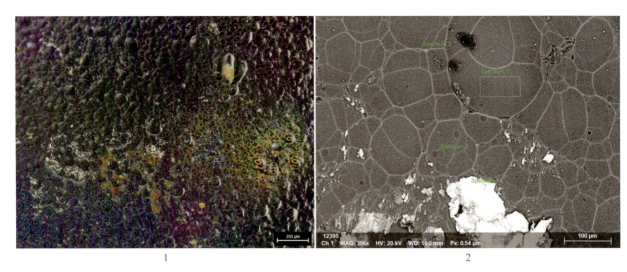

1　　　　　　　　　　　　　　　　　　　　2

图 5.22　玻璃样品 JYJ1021 显微镜与扫描电镜图

1. OM照片（150×）　2. SEM照片（1000×）

表 5.7　玻璃样品 JYJ1021 的 EDS 分析结果　　　　　　　　　　（wt%）

成分 编号	Na_2O	SiO_2	CaO	FeO	Al_2O_3
Spectrum 1	17.9	72.1	8.8	1.2	—
Spectrum 2	21.5	68.9	6.6	2.4	0.6
Spectrum 3	19.0	71.5	8.1	—	1.4
Spectrum 4	—	—	10.7	89.3	—

注："—"表示元素含量低于检出限。

2. 玻璃样品 JYJ1022 病害分析

经远舰沉船出水 JYJ1022 玻璃样品表面的腐蚀形貌如图 5.23 所示。由 SEM 图像（图 5.23，1）可见，玻璃表层表面存在明显的鱼骨状凹坑，元素面扫描分布结果（图 5.23，2~5）显示，凹坑内 Fe 元素聚集，但 Na、Si 元素明显较少，说明 Fe 可能是导致凹坑腐蚀的主要因素。

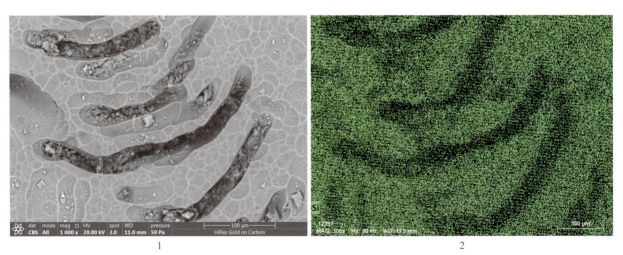

1　　　　　　　　　　　　　　　　　　　　2

图 5.23　玻璃样品 JYJ1022SEM 面扫描元素分布图

1. SEM图片　2. Si元素分布图

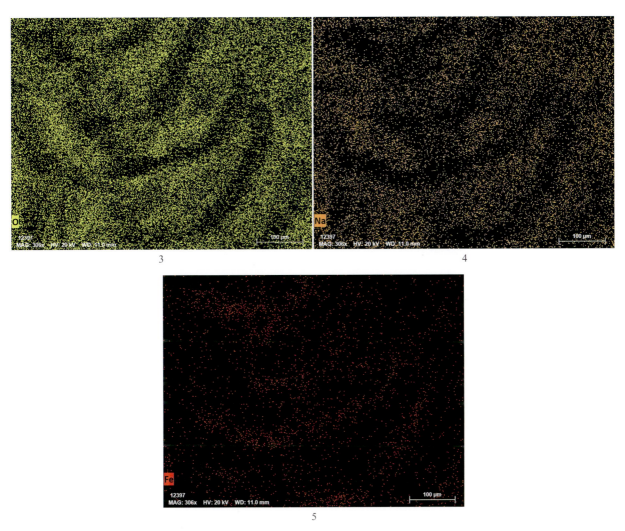

图 5.23 玻璃样品 JYJ1022SEM 面扫描元素分布图（续）

3. O元素分布图　4. Na元素分布图　5. Fe元素分布图

四、小结

致远舰和经远舰沉船出水玻璃器在长期的海洋埋藏环境中，经受海水、海洋生物和海洋沉积物的侵蚀，存在多种病害类型。通过对典型玻璃器的病害分析，可以明显看出玻璃器腐蚀形貌明显处，均存在较多的Fe元素，故推测Fe元素与釉层的腐蚀密切相关，并存在较为明显的促进作用。

第五节　有机质文物病害分析

一、病害概况

致远舰和经远舰沉船出水有机质文物共178件/套，以木质文物为主，还有少量的皮革、橡胶和骨质文物。文物病害类型主要包括饱水、残缺、断裂、裂隙、变形、变色、盐类病害、糟朽、漆膜脱落等，代表性的病害类型如图5.24。

图 5.24 致远舰与经远舰出水有机质文物典型病害

1.断裂　2.裂隙　3.残缺　4.盐类病害　5.漆膜损伤　6.木材降解

二、样品概况与分析方法

由于致远舰与经远舰出水有机质文物以木质文物为主，故选取经远舰沉船遗址木构件W041和W042开展病害分析。采用的分析方法主要为扫描电镜和X射线衍射分析。

三、分析结果

船体木构件污染物分析

为确定经远舰木质文物内部是否含有难溶盐，进行SEM和XRD分析，结果见图5.25和表5.8。

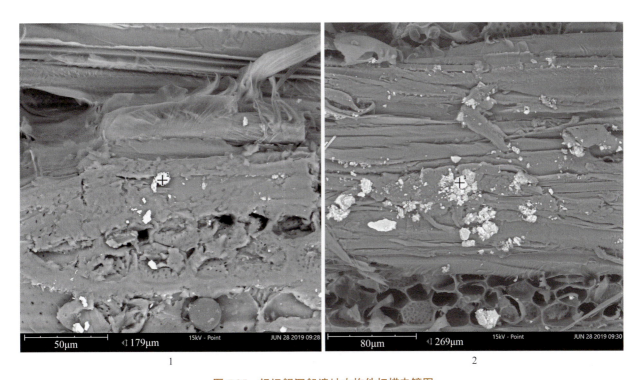

图 5.25 经远舰沉船遗址木构件扫描电镜图

1. 木构件 W041 扫描电镜照片　2. 木构件 W042 扫描电镜照片

表5.8 经远舰沉船遗址木构件扫描电镜能谱元素分析　　　　　　　　　　　　（wt%）

元素　　编号	O	Mg	Al	Si	S	Ca	Fe	Sr
W041	85.17	1.26	1.12	1.09	4.88	3.60	2.89	—
W042	52.73	0.91	3.29	27.72	2.65	—	5.39	7.30

根据图5.25和表5.8，推测两个木材样品内的难溶盐含有FeS_2。结合X-射线衍射光谱分析结果（图5.26），W041含有黄铁矿（FeS_2）、石英（SiO_2）和硫（S），W042含有针铁矿（α-FeOOH）和石英（SiO_2）。由此可知，两个样品在海水浸泡过程中，船体构件的铁质锈蚀物进入木质文物，并以黄铁矿和针铁矿等形式存在于木材内部。

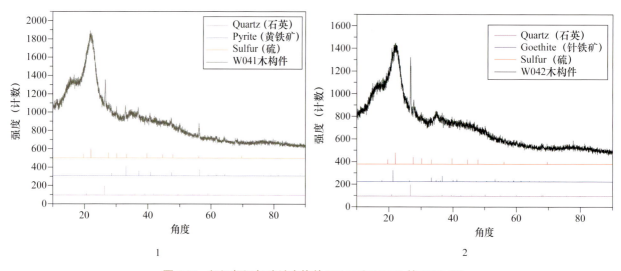

图 5.26　经远舰沉船遗址木构件 W041 和 W042 的 XRD 图

1. 木构件 W041 的 XRD 图　　2. 木构件 W042 的 XRD 图

四、小结

致远舰和经远舰沉船出水有机质文物以木质文物为主，还有少量的皮革、橡胶和骨质文物，存在多种病害类型。以木质文物为代表进行病害分析，分析结果表明，在多年的海洋埋藏环境中，船体铁质构件的锈蚀物，以黄铁矿（FeS_2）或针铁矿（$\alpha\text{-}FeOOH$）等形式存在于木材孔隙结构中，对木材的后期保存有副作用，需尽可能清除。

第六节　本 章 总 结

本章研究了致远舰和经远舰沉船遗址出水铁器、铜器、陶瓷、玻璃、有机质文物的典型病害类型及凝结物或锈蚀物的主要成分与物相组成。研究表明，致远舰和经远舰沉船出水文物在长期的海洋埋藏环境中，受多种因素影响，文物保存状况相对较差，存在多种病害类型。文物表面附着物、凝结物或锈蚀物中含有多种可溶盐或难溶盐，对文物长期保存不利，因此需对污染物和锈蚀物进行适当的去除，但不必清除所有凝结物和锈蚀物，病害分析研究为保护修复技术路线选择提供了科学依据。

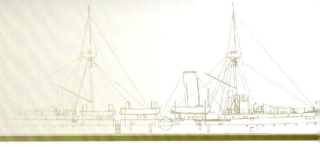

第六章　金属文物保护

第一节　铁器保护修复

一、保护修复流程

1. 保护修复前的资料建档

在对铁器进行保护处理之前，需对其进行尺寸、重量、照片影像记录、病害调查、病害图绘制、重要信息描述等方面的登记。

2. 清洗除锈

致远舰、经远舰沉船出水铁器出水前在海洋环境中长期浸泡，器物粘附大量凝结物，部分铁器锈蚀严重，根据凝结物的硬结程度、病害情况，进行清洗除锈。

（1）清洗除锈方法

清洗除锈以物理机械方法为主、化学方法为辅。

采用2A清洗液（乙醇与水体积比1：1）对铁器表面污染物进行初步清理，然后采用灰刀、刻字机、手术刀、超声波洁牙机、超声波清洗机等机械工具和设备，对致远舰和经远舰铁器表面的凝结物和锈蚀物进行处理。对于硬度比较大的凝结物，必要时采用3%～5%草酸溶液配合清洗液和机械法进行除锈，除锈后要及时用去离子水清洗铁器。

（2）清洗除锈原则

在保证铁器形制的前提下，除锈以除去铁器内外表面浮锈、疏松膨胀锈体和凝结物，除至露出致密锈层为原则。

3. 脱盐

在充分调研各种脱盐除氯方法基础上，根据铁器的形状大小、数量、腐蚀程度等因素，重点从文物处理后变化影响小、实际使用的可操作性方面来考虑，主要采用常用的2%NaOH溶液作为致远舰和经远舰出水铁器的脱盐溶液。

致远舰和经远舰沉船出水铁器均开展了脱盐工作。两个铁器浸泡箱内溶液的氯离子浓度随时间推移的变化如图6.1所示，脱盐末期氯离子含量低于2mg/L，达到脱盐终点。

4. 干燥

脱盐结束后的铁器，用去离子水反复清洗，并进行充分干燥。小件铁器放入烘箱干燥，大件铁器

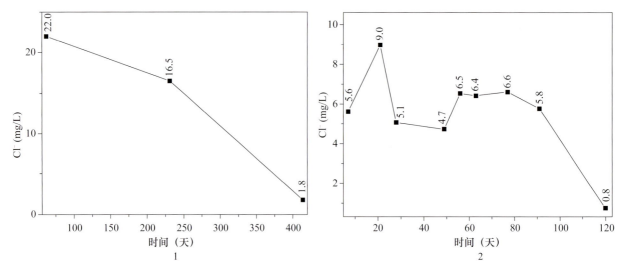

图 6.1 脱盐箱内氯离子含量变化图

1. 1 号脱盐箱内的氯离子含量变化图　2. 2 号脱盐箱内的氯离子含量变化图

用红外灯或热风枪等设备充分干燥。

5. 加固修复

对于腐蚀严重的铁器，除去疏松锈蚀时，可能会影响到铁器局部的原有形制，此时就不能完全将疏松锈蚀除去，可以用 3%～5%B72 溶液对这部分疏松区域进行渗透加固。

对于铁器上的较大孔隙和孔洞，综合判断后认为需要修补的，可以用快速铁掺合铁锈粉（已脱盐后的铁锈制成）进行填补。

对于脱落的影响形制的铁锈块，可先用热熔胶固定其位置，再用环氧树脂掺合铁锈粉进行粘接补缺。

6. 缓蚀

铁器的缓蚀钝化处理是指通过化学方法在铁器的表面形成一层致密的保护膜，能阻止腐蚀介质向内渗透，从而有效抑制金属腐蚀。对于致远舰和经远舰出水铁器，主要采用了单宁酸复配缓蚀剂进行缓蚀处理。缓蚀 24～48 小时之后用吹风机或热风枪等将铁器内外表面充分干燥。

7. 封护

封护是指用材料填充和封闭铁器上存在的孔隙，阻止外界环境对铁器继续腐蚀，以期提高抗腐蚀能力，是铁器保护的最后一道工序。致远舰和经远舰沉船出水铁器主要采用虫白蜡、微晶石蜡、氟碳树脂等材料进行封护处理。

8. 保护修复档案

参照《馆藏金属文物保护修复档案记录规范》（WW/T 0010—2008），填写致远舰和经远舰沉船出水铁器的保护修复档案。其中保护修复步骤记录包含保护修复过程各阶段采用的方法和药剂名称，以及预防性保护的建议。档案采用文字记录和图片采集相结合的方式。

二、保护修复案例

1. 阿姆斯特朗火炮炮弹头的保护

6英寸阿姆斯特朗火炮炮弹头（2015DD：120）：铁质材质，长47、底径18.8厘米，重38.95千克。穿甲弹头全身覆盖黑色和黄色锈蚀物，局部有少量硬结物（图6.2，1）。

（1）清洗除锈

用刻刀等机械工具对表面进行除锈，去离子水清洗。

（2）脱盐

将穿甲弹头放入2%氢氧化钠溶液中浸泡脱盐，定期更换浸泡液，取样检测氯离子含量，持续七周。

（3）干燥

放入超声波清洗机，用去离子水反复清洗脱碱，用热风枪吹干（图6.2，2）。

（4）缓蚀

用复配单宁酸溶液刷涂两遍，保鲜膜包裹24小时后干燥（图6.2，3）。

（5）封护

在通风橱内，采用水浴法将虫白蜡的松节油溶液加热，横竖刷涂两遍，保持表面清洁。干燥后表面泛白处用热风枪吹热，用无纺布擦拭均匀（图6.2，4）。

图 6.2 阿姆斯特朗火炮炮弹头（2015DD：120）的保护
1. 保护前 2. 除锈后 3. 缓蚀 4. 保护后

2.救生艇支架构件的保护

救生艇支架构件（2016DD：007）：长44、宽36、厚7厘米，重27千克。器物全面腐蚀，表面覆盖大量的硬结物（图6.3，1）。

（1）清洗除锈

使用刻刀、超声波洁牙机等工具将文物表面及缝隙内的凝结物和锈蚀物去除，用去离子水清洗。

（2）脱盐

使用2%NaOH水溶液浸泡脱盐，定期更换浸泡液，取样检测氯离子含量。

（3）干燥

放入超声波清洗机内用去离子水反复清洗脱碱后，用热风枪吹干（图6.3，2）。

（4）缓蚀

用复配单宁酸溶液刷涂两遍，保鲜膜包裹24小时后干燥（图6.3，3）。

（5）封护

在通风橱内，将虫白蜡的松节油溶液水浴加热，在铁器上横竖刷涂两遍，保持表面清洁。干燥后，用热风枪将表面泛白处加热，用无纺布擦拭均匀（图6.3，4）。

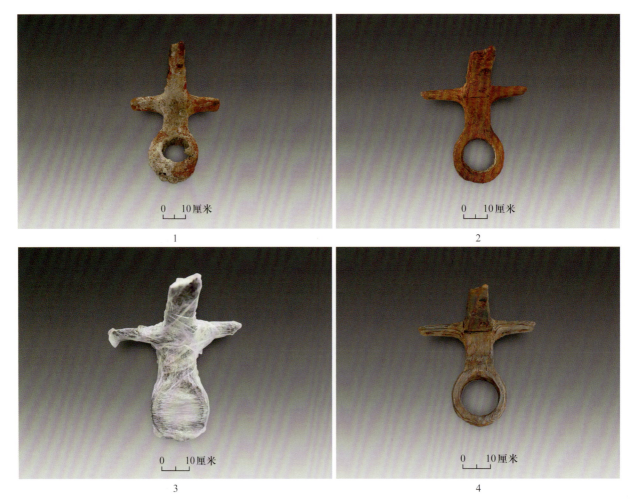

图 6.3　救生艇支架构件（2016DD：007）的保护
1.保护前　2.除锈后　3.缓蚀　4.保护后

3. 六角螺帽的保护

六角螺帽（2016DD：031）：外宽8.5、内径5、厚2厘米，重426克。文物保存较完整，通体锈蚀，表面附有一层硬结物（图6.4，1）。

（1）清洗除锈

使用刻刀、超声波洁牙机等工具将文物表面及缝隙内浮土、锈蚀物去除完成，用去离子水清洗。

（2）脱盐

使用2%NaOH水溶液浸泡脱盐，定期更换浸泡液，取样检测氯离子含量。

（3）干燥

放入超声波用去离子水反复清洗脱碱后，放入鼓风干燥箱内烘干。

（4）缓蚀

用复配单宁酸溶液刷涂两遍，保鲜膜包裹24小时后干燥。

（5）封护

用氟碳树脂刷涂均匀，自然干燥（图6.4，2）。

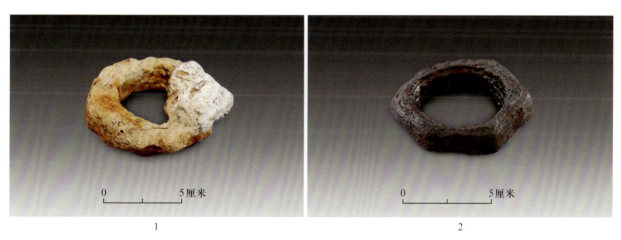

图6.4　六角螺帽（2016DD：031）的保护

1. 保护前　　2. 保护后

4. 扳手的保护

扳手（2018ZHJYJ：416）：长45.5、宽12、厚1.1厘米，重2.75千克。保存较为完整，表面通体附着一层锈蚀，大面积点腐蚀（图6.5，1）。

（1）清洗除锈

使用刻刀、超声波洁牙机等工具将文物表面及缝隙内锈蚀物去除，用去离子水清洗。

（2）脱盐

使用2%NaOH水溶液浸泡脱盐，定期更换浸泡液，取样检测氯离子含量。

（3）干燥

放入超声波清洗机内用去离子水反复清洗脱碱后，放入鼓风干燥箱内烘干。

（4）缓蚀

用复配单宁酸溶液刷涂两遍，保鲜膜包裹24小时后干燥。

（5）封护

用氟碳树脂刷涂均匀，自然晾干（图6.5，2）。

1　　　　　　　　　　　　　　　　　　　2

图 6.5　扳手（2018ZHJYJ：416）的保护

1. 保护前　2. 保护后

5. 方螺栓的保护

方螺栓（2018ZHJYJ：425）：长6、宽3.8、厚2.5厘米，重303.4克。全面腐蚀，表面附着锈蚀物（图6.6，1）。

（1）清洗除锈

使用刻刀、超声波洁牙机等工具将文物表面及缝隙内锈蚀物去除完成，用去离子水清洗。

（2）脱盐

使用2%NaOH水溶液浸泡脱盐，定期更换浸泡液，取样检测氯离子含量。

（3）干燥

放入超声波用去离子水反复清洗脱碱后，放入鼓风干燥箱内烘干。

（4）缓蚀

用复配单宁酸溶液刷涂两遍，保鲜膜包裹24小时后干燥。

（5）封护

用氟碳树脂刷涂均匀，自然晾干（图6.6，2）。

6. 经远舰外壳列板构件的保护

外壳列板构件（2018ZHJYJ：499）：长400、宽200厘米。该文物全面腐蚀，表面附着大量硬结物（图6.8，1）。

（1）清洗除锈

使用高压水枪、刻刀、锤子等工具清除表面凝结物。

图 6.6　方螺栓（2018ZHJYJ：499）的保护

1. 保护前　2. 保护后

（2）脱盐

外壳列板构件尺寸较大，难以使用浸泡法脱盐，因此采用纸浆碱液贴敷法脱盐。脱盐使用2%NaOH和生宣纸制成的纸浆敷于表面，并用塑料布覆盖保湿。每月更换一次纸浆，持续一年（图6.8，2）。

脱盐后将纸浆裁剪为10厘米×10厘米大小，加入500mL纯水，浸泡72小时后取出，将浸泡液过滤，装入样品瓶送检，检测溶液中氯离子含量，氯离子含量变化如图6.7所示。

根据监测数据可知，外壳列板构件脱盐完成，氯离子含量低于2mg/L，达到脱盐终点。

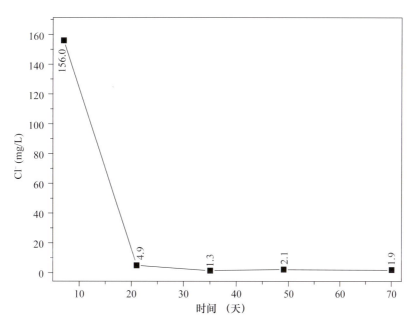

图 6.7　外壳列板构件（2018ZHJYJ：499）脱盐纸浆中的氯离子含量变化图

（3）干燥

用去离子水反复冲洗，然后用2A溶液清洗，热风枪吹干（图6.8，3）。

（4）缓蚀

铁板两面分开缓蚀，用复配单宁酸刷涂两遍，塑料膜包裹24小时后打开干燥。

（5）封护

用氟碳封护进行封护（图6.8，4）。

图 6.8 外壳列板构件（2018ZHJYJ：499）的保护
1. 保护前 2. 贴敷碱液纸浆脱盐 3. 脱盐后的清洗 4. 保护处理后

第二节 铜器保护修复

在对每件铜器进行保护处理之前，需对其进行尺寸、重量、照片影像记录、病害图绘制、重要信息描述等方面的登记，为完成保护修复档案建设打好基础。

一、保护修复流程

1. 清洗除锈

致远舰、经远舰沉船铜器出水前在海洋环境中长期浸泡，器物粘附大量凝结物，且含有大量盐类，分析结果也显示这些铜器中的氯化物含量较高，而氯化物又是导致铜器"青铜病"的循环作用因素，它不溶于水，很难用一般清洗液除去，而且对脱盐效率和缓蚀剂的缓蚀效率影响很大，因此，在进行脱盐除氯和缓蚀之前须对铜器进行清洗除锈，除去其表面的凝结物和有害锈。根据器物实际情况选择性地保留部分无害凝结物，保留文物的出水特征。

清洗除锈主要以物理机械方法为主、化学方法为辅。

根据凝结物的硬结程度和病害情况，采用超声波清洗机、超声波洁牙机等工具对铜器表面的凝结物进行处理。在此基础上进行清洗除锈。在清洗除锈过程中，根据器物实际情况选择性地保留部分无害凝结物，保留文物的出水特征。如使用了化学试剂，在清洗除锈步骤结束，用去离子水对铜器进行彻底清洗。操作过程中使用的水需为去离子水、蒸馏水或纯净水，确保有害的氯离子不被带入铜器。

2. 脱盐

在充分调研各种脱盐除氯方法基础上，根据铜器的形状、大小、数量、腐蚀程度等因素，以除去含氯有害锈、色差小、操作便利等为原则，采用去离子水浸泡与2wt%倍半碳酸钠溶液浸泡相结合的方法进行铜器的脱盐除氯处理。采用氯离子测定仪和电导率仪定期检测脱盐溶液中的氯离子含量和电导率，判断脱盐终点。

3. 干燥

脱盐结束后的文物，用去离子水反复清洗，再进行充分干燥。小件铜器在烘箱（50℃左右）内干燥，大件铜器用红外灯和热风枪充分干燥。

4. 加固修复

（1）整形

采用模具夹持等整形工艺，使变形部位缓慢复原，不采用对文物破坏较大的锯解整形，使整形过程对器物的损伤降到最低。对于器物上一些局部的变形，如小面积凹陷等，如不影响展示，以及器物的整体性、稳定性及安全保存，则尽量不进行干预。

（2）拼接

主要使用粘接这种具有可再处理性的连接方式，将破碎的器物残片连接起来。

（3）补缺

使用钣金工艺将厚度适中的铜皮加工成造型合适的补配件进行补缺，并用环氧树脂胶（UHU Plus）作为粘接剂进行黏结。

（4）随色处理

为了使修复过的文物能够更好地构建其完整性，不影响文物的审美价值及展示效果，经过粘接、补缺的部位需要进行随色处理，模仿器物本体的颜色和质感，使修复过的器物有更好的整体性。随色的部位要具有一定的可辨识性。

5. 缓蚀

与一般铜器的保护程序一样，海洋出水铜器在经过脱盐处理后应进行缓蚀处理，以求最大限度地延长其寿命。

在缓蚀处理之前，用无水乙醇和丙酮将铜器分别浸泡半小时后取出，干燥后将器物浸泡在5%BTA

溶液中，密闭1~2小时，取出后再次烘干，最后去除铜器表面残留的BTA结晶，能实现优良的缓蚀效果。处理之前要先对铜器进行干燥处理，否则处理过的铜器会出现泛白的现象。

6. 封护

封护是指用材料填充和封闭经处理后器物上存在的孔隙，阻止外界环境对铜器继续腐蚀，以期提高抗腐蚀能力。缓蚀采用的BTA有一定蒸气压，所以用BTA处理后，需要再涂上一层无色、透明、折光性小的封护剂，加固BTA在铜器表面形成的膜，使其坚固持久，防腐作用更好，有利于文物更长久地保存。在充分干燥后，选用微晶蜡或1%~2% B72溶液作为表面封护材料对铜器表面进行涂刷封护处理。

7. 保护修复档案

参照《馆藏金属文物保护修复档案记录规范》（WW/T 0010—2008），填写致远舰与经远舰沉船遗址出水铜器的保护修复档案。其中保护修复步骤记录需包含保护修复各阶段采用的方法和药剂名称，以及预防性保护的建议。档案采用文字记录和图片采集相结合的方式。

二、保护修复案例

1. 单筒望远镜的保护

单筒望远镜（2016DD：001）：长50、外径4.7厘米，重721.6克。该器物中间断裂、变形（图6.9，1）。

（1）清洗除锈

使用竹签、超声波洁牙机等工具去除表面锈蚀。

（2）脱盐

清理好的望远镜放入去离子水中浸泡脱盐，定期换水，之后在超声波清洗机内用去离子水清洗干净。

（3）干燥

放入烘箱50℃下烘干。

（4）加固修复

①矫形：通过对待矫形部位进行高温加热和锤子敲打的方式，使变形位置尽量恢复原有形制。

②加固：望远镜壁薄，强度不够，用红铜皮在断裂部位的内部做内衬，3A胶粘接加固。

③做旧：采用漆片胶加矿物颜料表面作旧。

（5）封护

使用微晶石蜡封护（图6.9，2）。

2. 铜油灯的保护

铜油灯（2018ZHJYJ：349）：长23.5、宽14.5厘米，重455克。该文物存在变形、残缺、裂隙、表

0　　　10厘米	0　　　10厘米
1	2

图 6.9　单筒望远镜（2016DD：001）的保护

1. 修复前　2. 修复后

面硬结物、点腐蚀、含氯腐蚀产物、可溶盐腐蚀产物等病害（图6.10，1）。

（1）清洗除锈

使用超声波清洗机清洗铜油灯的灯身与灯盖，然后用竹签、超声波洁牙机等工具去除表面凝结物与内部淤泥。对于局部残留的白色凝结物，采用5%柠檬酸湿敷、擦拭的方法清理，之后放入超声波清洗机用去离子水清洗干净。

（2）脱盐

清理好的铜油灯放入去离子水中浸泡脱盐，定期换水。

（3）干燥

放入烘箱50℃烘干。

（4）加固修复

使用锤子、木块等工具对油灯进行矫形，使灯盖可盖入灯身。清理矫形中器物卷曲处的凝结物，之后超声波清洗，无水乙醇溶液擦洗，烘箱50℃烘干。

（5）封护

采用1%B72乙酸乙酯溶液封护，横竖涂刷2遍，干燥后使用微晶石蜡封护铜油灯表面（图6.10，2）。

0　　　10厘米	0　　　10厘米
1	2

图 6.10　铜油灯（2018ZHJYJ：349）的保护

1. 修复前　2. 修复后

3. 铜把手的保护

铜把手（2016DD：027）：长18.3、高2.5厘米，重488.2克。该文物全面腐蚀，表面附着一层锈蚀物（图6.11，1）。

（1）清洗除锈

使用竹签、超声波洁牙机等工具去除铜把手表面的凝结物和锈蚀物。

（2）脱盐

清理好的铜把手放入去离子水中浸泡脱盐，定期换水，在超声波清洗机内用去离子水清洗。

（3）干燥

放入烘箱50℃烘干。

（4）缓蚀

采用3w/v%BTA的乙醇溶液进行缓蚀处理，刷涂2遍，保鲜膜包裹24小时后取出，自然干燥24小时。

（5）封护

采用2%B72乙酸乙酯溶液封护，横竖涂刷2遍（图6.11，2）。

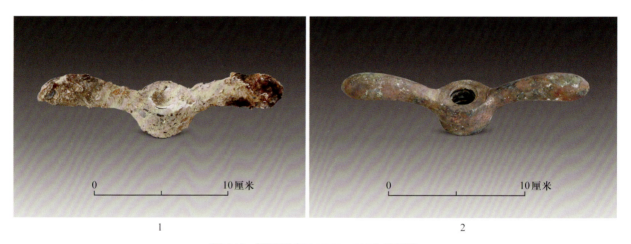

图6.11　铜把手（2016DD：027）的保护

1.保护前　2.保护后

4. 炮弹壳的保护

57毫米炮弹壳（2018ZHJYJ：378）：长25.5、宽12、口径6厘米，重530克。炮弹壳存在变形、残缺、点腐蚀、可溶盐等病害（图6.12，1）。

（1）清洗除锈

使用竹签、超声波洁牙机等工具去除表面凝结物和锈蚀物。

（2）脱盐

清理好的炮弹壳放入去离子水中浸泡脱盐，定期换水，之后在超声波清洗机里清洗干净。

（3）干燥

烘箱50℃烘干。

（4）缓蚀

采用3%w/vBTA的乙醇溶液缓蚀，刷涂2遍，保鲜膜包裹24小时后取出，自然干燥24小时。

（5）封护

采用2%B72乙酸乙酯溶液封护，横竖涂刷2遍（图6.12，2）。

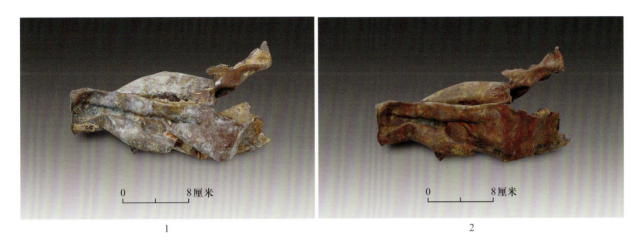

1   2

图 6.12 炮弹壳（2018ZHJYJ：378）的保护

1. 保护前 2. 保护后

第七章 陶瓷文物保护

致远舰和经远舰沉船出水陶瓷文物数量较少，大部分有残缺、开裂现象，保存状况总体稳定，但也存在少量污染物和一定的盐分。在对每件文物进行保护处理之前，需对其进行尺寸、重量、照片影像、病害、重要信息描述等方面的记录。

第一节 保护修复流程

致远舰和经远舰沉船遗址出水陶瓷的保护修复流程主要包括污染物清理、脱盐、干燥、粘接、补配、施釉。

一、污染物清理

致远舰和经远舰出水陶瓷器因和铁质文物接触或粘连，表面和裂纹里粘附铁锈，铁锈会渗透到陶瓷内部，使表面和裂纹处形成色斑，也是陶瓷长期保存的不稳定因素，需尽可能清除。此外，陶瓷器表面还有些有机污染物和炭黑污垢，均须清除干净，既有利于陶瓷器的稳定保存，也有利于陶瓷器的粘接修复。

污染物清理采用物理机械方法为主，辅以化学方法。物理机械方法主要用于清理大块和厚层凝结物，在贴近陶瓷表面时，容易对陶瓷釉面造成损失，此时，需主要采用化学方法清理。文物表面的有机污染物可用乙醇、乙醚、丙酮等有机溶剂将其软化溶解除去。对于炭黑污垢用3%的双氧水或5%的碳酸氢铵水溶液去除。对于铁锈污染物，主要使用约5%的草酸溶液通过脱脂棉贴敷的方法去除，根据污染物清理情况，适当调整浓度，并控制贴敷时间，做到兼顾安全性和有效性。在不影响文物安全稳定及形制和纹饰的条件下，可适当保留部分海洋生物残骸，以显示海洋出水文物特征。如污染物未清理干净，重复上述步骤直至完全清除，最后用去离子水清洗干净。

二、脱盐

在海水浸泡过程中，海洋环境中大量的盐渗入陶瓷器，随着出水后陶瓷保存环境的不断变化，这些盐分会发生反复的溶解与结晶，引起瓷器釉面崩裂，因此需要进行脱盐处理。

根据致远舰和经远舰出水陶瓷的保存状况，采取静态去离子水浸泡法脱盐（图7.1）。在浸泡过程中每月对浸泡液采样，进行可溶性盐含量测定。当可溶盐含量较低，且变化趋势趋于平稳后，达到脱盐终点。

图 7.1　陶瓷文物在去离子水中浸泡脱盐

在5个水箱内采用去离子水对陶瓷文物进行脱盐，历时372天，共更换6次去离子水，完成脱盐工作。5个水箱内的陶瓷文物清单如下：

1号箱浸泡经远舰陶瓷文物14件，包括紫砂壶盖（2018ZHJYJ：309）、瓷碗残片（2018ZHJYJ：234）、小口罐口沿（2018ZHJYJ：360）、陶罐口沿（2018ZHJYJ：358）、陶罐口沿（2018ZHJYJ：356）、瓷片（2018ZHJYJ：361）、瓷片（2018ZHJYJ：365）、瓷片（2018ZHJYJ：363）、陶罐口沿（2018ZHJYJ：357）、瓷片（2018ZHJYJ：364）、陶器底部残片（2018ZHJYJ：333）、盒（2018ZHJYJ：332）、砚台（2018ZHJYJ：311）、瓷片（2018ZHJYJ：362）。

2号箱浸泡经远舰陶瓷文物13件，包括瓷片（2018ZHJYJ：328）、瓷片（2018ZHJYJ：330）、瓷片（2018ZHJYJ：329）、瓷片（2018ZHJYJ：334）、玻璃瓶底（2018ZHJYJ：377）、舷窗玻璃（2018ZHJYJ：376）、玻璃管（2018ZHJYJ：374）、陶罐底（2018ZHJYJ：359）、玻璃管（2018ZHJYJ：375）、玻璃瓶底（2018ZHJYJ：380）、玻璃瓶底（2018ZHJYJ：379）、信号灯玻璃（2018ZHJYJ：370）、玻璃瓶（2018ZHJYJ：372）。

3号箱浸泡致远舰陶瓷文物10件，包括玻璃残片（2015DD：126）、白釉小杯（2015DD0：073）、五彩花卉白瓷碗（2015DD：082）、青花碟（2015DD：045）、盆碎片（2014DD：001）、青花瓷片（2015DD：028）、白底蓝釉人物花卉碗（2015DD：074）、酱黄釉小杯（2015DD：064）、白瓷片（2015DD：122）、白瓷片（2015DD：127）。

4号箱浸泡致远舰陶瓷文物5件，包括棋盘（2016DD：024）、瓷砖（2015DD：023）、瓷砖（2015DD：113）、瓷罐底（2015DD：135）、洗漱盆（2015DD：037）。

5号箱浸泡经远舰陶瓷文物2件/套，包括耐火砖（2018ZHJYJ：389）、瓷砖（2018ZYJ：040）。

5个水箱内水溶液的Cl^-含量变化如图7.2。1～4号箱陶瓷器脱盐溶液中的含盐量较低，在脱盐过程中Cl^-含量均低于3mg/L，脱盐结束时，溶液中Cl^-含量为0.8～1.2mg/L（图7.2，1～4）。5号箱浸泡的两块耐火砖由于孔隙率较大，脱盐溶液中的盐含量较高，最高时Cl^-含量为205mg/L，脱盐结束时，溶液中Cl^-含量为1.3mg/L（图7.2，5）。根据Cl^-含量及变化趋势可知，陶瓷文物已到达脱盐终点。

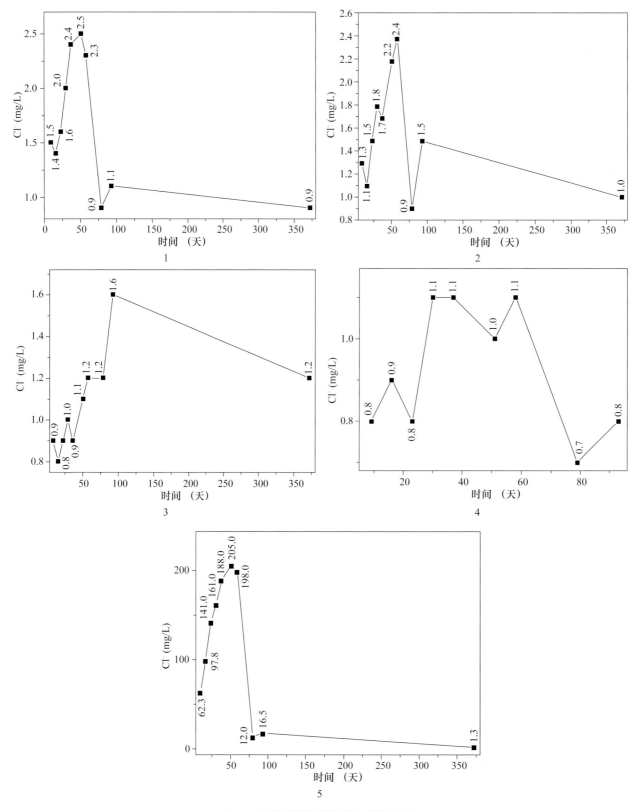

图 7.2　陶瓷脱盐溶液氯离子含量变化图

1. 1号箱变化图　2. 2号箱变化图　3. 3号箱变化图　4. 4号箱变化图　5. 5号箱变化图

三、干燥

将脱盐后的陶瓷放在阴凉的地方干燥（图7.3），定时对正在干燥的陶瓷称重。随着水分挥发，重量趋于平稳时干燥完成。

图 7.3　陶瓷文物自然干燥

四、粘接

断裂的残片经清洗加固后可拼对粘结，选用环氧树脂胶进行粘接：

（1）首先对残片进行预拼接，确定每片的位置，确定粘接顺序，防止粘接后出现无法入位现象，按对接的位置依次排放。

（2）用棉签蘸取去离子水将器物断面清洗干净，若有油污可用50%乙醇溶液清洗，自然晾干。

（3）用毛笔蘸取5%B72乙酸乙酯溶液涂抹在断口处，作为隔离层。

（4）在粘接处两端预先贴3厘米的纸胶带，防止粘接剂溢出后污染陶瓷表面。

（5）按1∶1比例配好环氧粘接剂，用调刀蘸取粘接剂涂抹在断面中间，合对断面，用力挤压片刻，用酒精棉球擦净瓷器表面的余胶，用热熔胶棒固定，待其固化。

五、补配

按陶瓷相对应的相同部位，采用可塑粒子材料翻制模具，软化塑性粒子颗粒用未残缺部分取型，待模具硬化后用夹子固定在缺失部分两侧。

采用"环氧树脂胶＋滑石粉＋矿物颜料"复合材料对缺失部位进行补配。将调制好的填料填充模具，直到填料和器物表面持平弧度一致。

补配填料完全固化成型后进行打磨。打磨时要遵循由粗到细的原则，选取木砂纸与刀片协作打磨，最终使缺失部位与原胎质相仿。

六、上色作釉

用毛笔蘸取釉料稀释剂和适量颜料上色，直至颜色与原器物颜色接近一致。为增加光泽度和瓷感，完成上色后在表面上一层光釉。

七、保护修复档案

保护修复完成后，参照《陶质彩绘文物保护修复档案记录规范》（WW/T 0023—2010）要求，填写保护修复档案。

八、保存环境建议

库房内的温湿度可采用库房内的除湿设备和中央空调系统进行调节控制。根据《博物馆藏品保存环境试行规范》，陶瓷文物保存环境应达到以下要求：

（1）保存环境温度应控制在20℃左右，日较差不高于2～5℃；

（2）环境相对湿度控制范围在40%～50%，日波动值不大于5%；

（3）可见光强度小于300lux，紫外光强度小于20μW/lm；

（4）库房密闭性好，有专业空气过滤设备；

（5）存放时应采取防震、减震措施，放置位置不宜过高，上方不能有悬挂物。

第二节　保护修复案例

1. 致远舰舰徽白釉瓷盘的保护

致远舰舰徽白釉瓷盘（2015DD∶090）：直径20.5、底径11.5、高1.5厘米，2015年从致远舰沉船遗址发掘出水（图7.4，1）。器身和沿口处缺失五分之一，底部近乎完整，折沿盘，沿口较宽，盘中央为致远舰舰徽。文物侵蚀严重，有大量凝结物和锈蚀物。用5%的草酸溶液清除表面污染物和锈蚀物（图7.4，2），再进行脱盐处理，之后使用环氧树脂胶进行粘接（图7.4，3），用滑石粉与树脂胶调配的补缺材料对缺失部分进行补缺，固化后打磨至与瓷器原有部分一致，完成考古修复（图7.4，4）。

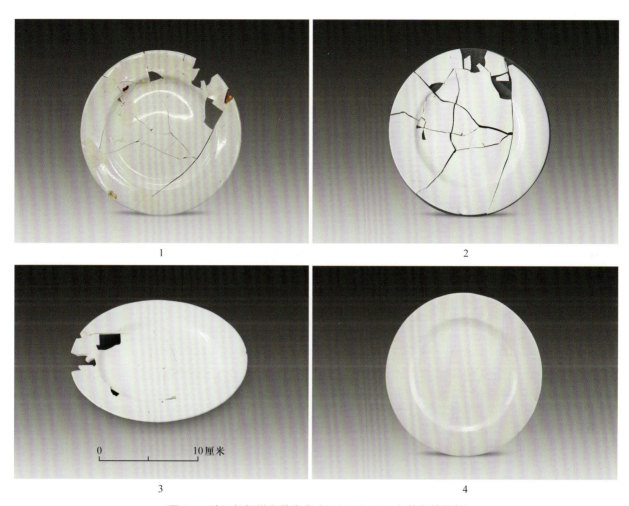

图 7.4　致远舰舰徽白釉瓷盘（2015DD：090）的保护修复
1.保护修复前　2.凝结物去除后　3.粘接完成　4.修复后

2.致远舰舰徽白釉碟的保护

致远舰舰徽白釉碟（2015DD：112）：2015年从致远舰沉船遗址发掘出水（图7.5，1），高1.8、口径13.1、底径9.5厘米。白釉碟圈心内刻有致远舰舰徽暗纹，碎裂成三块并残缺约四分之一。表面受海洋环境和铁器的污染侵蚀，大面积泛黄，还覆有少量凝结物。对其进行脱盐处理后，用蘸取5%草酸溶液的脱脂棉对其进行包裹清洗，将大部分凝结物和锈蚀物去除，为避免对瓷器造成损伤，未进行过度清理。使用环氧树脂粘接，之后在完整边缘部位翻模取型（图7.5，2），用滑石粉与树脂胶调配的补缺材料进行填补，固化后将模具取下（图7.5，3）。将补配部位打磨后进行上色作釉处理，完成修复工作（图7.5，4）。

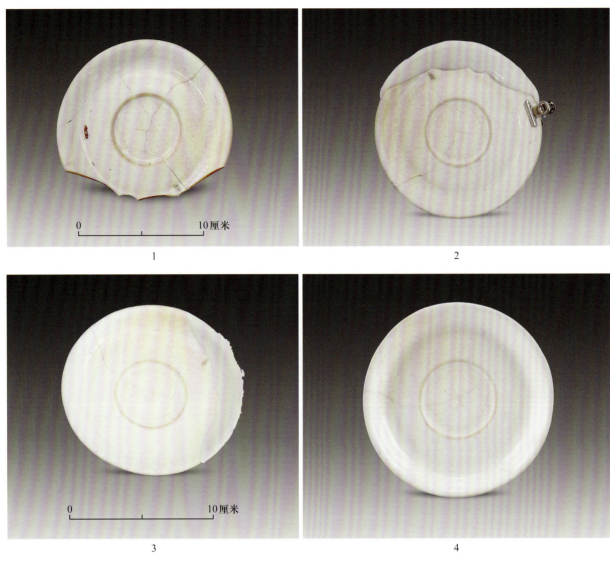

图 7.5 致远舰舰徽白釉碟（2015DD：112）的保护修复
1.修复前 2.取型翻模 3.补配完成 4.修复后

3.青花印泥盒的保护

青花印泥盒（2015DD：114）：2015年自致远舰沉船遗址发掘出水（图7.6，1），方形器，子母口，直腹，绘有青花缠枝莲纹蝙蝠福寿八宝纹饰。共碎裂成十块，有一小部分缺失，口沿处侵蚀严重。首先对其进行去离子水脱盐，脱盐结束后，用蘸取5%草酸溶液的脱脂棉进行包裹清洗，口沿处锈蚀变淡，清洗完成后使用环氧树脂粘接，用塑性粒子材料做模（图7.6，2），再用滑石粉与树脂胶调配的补缺材料进行填补，固化后打磨至与瓷器一致，补配完成（图7.6，3），将补配部位打磨后，根据原纹饰对缺失部分进行作色上釉复原，完成修复工作（图7.6，4）。

4.青花花卉诗文白釉小杯的保护

青花花卉诗文白釉小杯（2015DD：088）：2015年自致远舰沉船遗址发掘出水（图7.7，1），残存

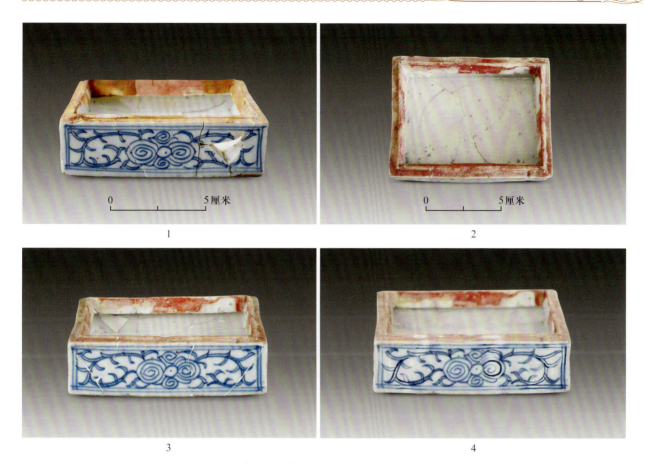

图 7.6　青花印泥盒（2015DD：114）的保护修复
1.修复前　2.翻模取型　3.补配完成　4.保护修复后

四分之一，有沿有底，敞口，矮圈足，胎体轻薄，青花发色青翠，口沿处绘有一圈青花弦纹，杯腹上以青花题有一首小诗，口沿有一处冲口，内外壁施透明釉高温还原焰一次烧成。

首先用去离子水浸泡脱盐，之后用5%草酸溶液清洗冲口和残缘的锈蚀物，清洗效果明显。使用滑石粉与树脂胶调配的补缺材料进行补缺，固化后将模具取下进行打磨，完成修复工作（图7.7，2）。

5.白底蓝釉人物花卉碗的保护

白底蓝釉人物花卉碗（2015DD：074）：2015年自致远舰沉船遗址发掘出水。器物残存三分之一，五分之一口沿和十分之一圈足，敞口、弧壁、鼓腹，外壁绘人物花卉纹饰，器身通体受到铁锈污染（图7.8，1）。

首先用去离子水浸泡脱盐，之后用浸润5%草酸溶液的脱脂棉包裹清洗，将铁锈全部清理干净。使用滑石粉与树脂胶调配的补缺材料进行补缺，固化后将模具取下进行打磨，完成修复工作（图7.8，2）。

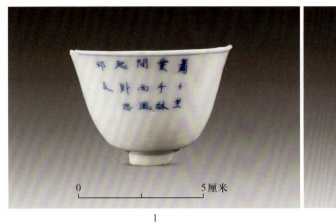

1

2

图 7.7　青花花卉诗文白釉小杯（2015DD：088）的保护修复

1. 修复前（外）　2. 修复后

1

2

图 7.8　白底蓝釉人物花卉碗（2015DD：074）的保护修复

1. 保护修复前　2. 保护修复后

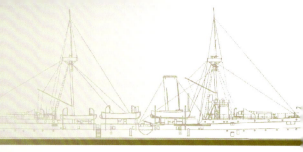

第八章 有机质文物保护

第一节 木质文物保护

针对致远舰与经远舰出水的木质文物，开展污染物清理、脱盐、脱水定型、加固、修复等保护工作。并按照《馆藏出土竹木漆器类文物保护修复档案记录规范》对每件文物建立档案。

一、保护修复流程

1. 污染物清理

致远舰与经远舰出水木质文物表面和内部有泥沙类的污染物，因此需在脱盐之前进行清洗。木质文物作为有机质文物，需防止微生物的滋生与发展。对于一些需长期浸泡而无法及时处理的木质文物，可以采用3%硼酸硼砂溶液进行浸泡。木质文物的微生物防治贯穿于文物保护修复的各个阶段，也包括保护修复完成后，如有滋生须及时妥善处理。

2. 难溶盐脱除

致远舰与经远舰出水木质文物脱盐分两步走，先脱除难溶盐，再脱除可溶盐。致远舰与经远舰均为近代钢甲战舰，出水文物也伴出大量铁质文物。木质文物表面多呈现铁锈色，即与铁质文物锈蚀进入木质文物有关。因此，首先需脱除难溶盐，难溶盐以硫铁化合物（如 FeS_2）为主。难溶盐脱除采用10mmol/L乙二胺四乙酸二钠（EDTA-2Na）水溶液。根据器物和容器的大小、气温变化，定期更换浸泡液，并收集浸泡液检测硫元素与铁元素含量。当浸泡液及木材基体中的硫元素与铁元素变化趋于平衡且含量较低时，难溶盐脱除工作完成。在脱除大部分铁元素后，木质文物颜色变浅，恢复至接近原有木质颜色。

难溶盐脱除过程中，EDTA-2Na溶液与木质文物里的钙、镁、铁等元素发生反应，对污染物有较好的清理作用，文物表面及内部残留的泥沙或污染物进一步剥落，在更换溶液时可以用毛刷清理。

致远舰与经远舰沉船遗址出水木构件使用大型脱盐池开展脱盐工作，小件木质文物在浸泡箱内开展脱盐工作。针对复合材质文物，采用拆解后分开保护的方式。选择大型脱盐池和小型脱盐箱监测难溶盐脱盐进程。其中，大型脱盐池编号为"1号池"，浸泡木质文物48件，主要为经远舰沉船遗址出水木构件。小型脱盐箱编号为"2号池"，浸泡致远舰沉船遗址出水木质文物4件，分别为轱辘（2016DD：030）、滑轮（2015DD：022）、木滑轮（2015DD：046）、刷子（2015DD：065）。

1号池内木构件开展难溶盐脱除7天后，溶液铁元素含量为218mg/L，木构件内难溶盐含量较高。

随着脱盐溶液更换次数的增加，铁元素含量稳定在15～30mg/L，最终铁元素含量降至3.7mg/L，难溶盐脱除完成，大型脱盐池内木质文物的难溶盐脱除持续2年左右。

2号池内开展难溶盐脱除48天后，溶液铁元素含量为83mg/L。随着脱盐溶液更换次数的增加，铁元素含量稳定在7～20mg/L，最终铁元素含量降至4.7mg/L，难溶盐脱除完成，2号池的难溶盐脱除工作持续1.5年左右。

1号池和2号池内铁元素含量变化如图8.1所示。

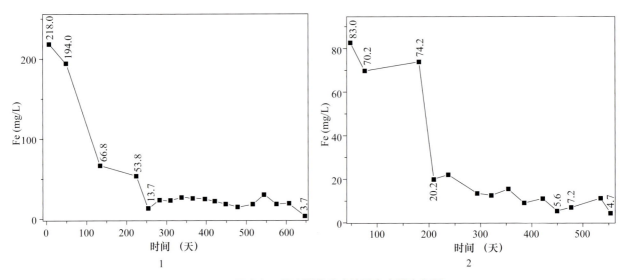

图8.1　1号池和2号池脱盐溶液铁元素含量变化图

1. 1号池变化图　　2. 2号池变化图

3. 可溶盐脱除

致远舰与经远舰出水木质文物脱盐借助三种方法：冷水静置、超声波清洗、超微米气泡发生装置。

冷水静置是最常用的方法，将木质文物放置到去离子水中，按照一定周期定期更换浸泡液，达到脱盐目的。此法周期较长，优点为适用范围广，特别适用一些带漆、带彩及较脆弱的木质文物。

超声波清洗机和超微米气泡发生装置可以加速脱盐，缩短脱盐周期，二者不适用于带漆、带彩木质文物。超声清洗木质文物去污效果非常明显，利用超声波的空化作用对木质文物表面上的污物进行撞击、剥离，达到清洗目的，具有清洗洁净度高、清洗速度快等特点；超微米气泡发生装置运行过程中产生大量纳米级气泡，可以加速脱盐浸泡液内部循环，气泡在上升破裂的过程中产生振荡也起到对木质文物去污的作用。

选择4个浸泡池监测脱盐数据，大型脱盐池编号为"1号池"，浸泡木质文物48件，主要为"经远舰"沉船遗址出水木构件。2号脱盐箱编号为"2号池"，浸泡致远舰沉船遗址出水木质文物4件，分别为轳辘（2016DD：030）、滑轮（2015DD：022）、木滑轮（2015DD：046）、刷子（2015DD：065）。4号脱盐箱编号为"4号池"，浸泡致远舰沉船遗址出水铜木复合材质文物中木质部分9件，分别为铜导缆柱（2016DD：018）、电极（2015DD：047）、滑轮（2015DD：121）、铜插头（2015DD：034）、铜挂钩（2015DD：079）、铜拉环（2016DD：022）、挂锁扣（2015DD：005）、木滑轮（2015DD：038）、铜插头（2015DD：048）。6号脱盐箱编号为"6号池"，浸泡致远舰沉船遗址出水木质文物5件，分别为木器盖残片（2015DD：004）、花瓶底垫（2015DD：077）、木堵头（2015DD：024）、把手柄（2016DD：025）、木盆残片（2015DD：144）。

1号池内木构件浸泡17天后，氯离子含量为478mg/L，根据数据可知，木构件内氯离子含量较高。随着换水次数的增加，氯离子含量在10～30mg/L左右，最终降至2.1mg/L，氯离子脱除完成。

2号池内浸泡木质文物4件，浸泡48天后，氯离子含量为5.1mg/L，含量较低，浸泡9个月后氯离子含量降至1.2mg/L，氯离子脱除完成。

4号池内浸泡铜木复合材质文物中的木质部分，共浸泡9件文物，浸泡48天后，氯离子含量为6.3mg/L，含量较低，浸泡8个月后氯离子含量降至1.1mg/L，氯离子脱除完成。

6号池内浸泡木质文物5件，浸泡48天后，氯离子含量为60.6mg/L，浸泡8个月后氯离子含量降至1.3mg/L，氯离子脱除完成。

根据以上数据可知，长期浸泡是脱除氯离子的有效方法。1号池、2号池、4号池和6号池氯离子含量随时间变化图如图8.2所示。

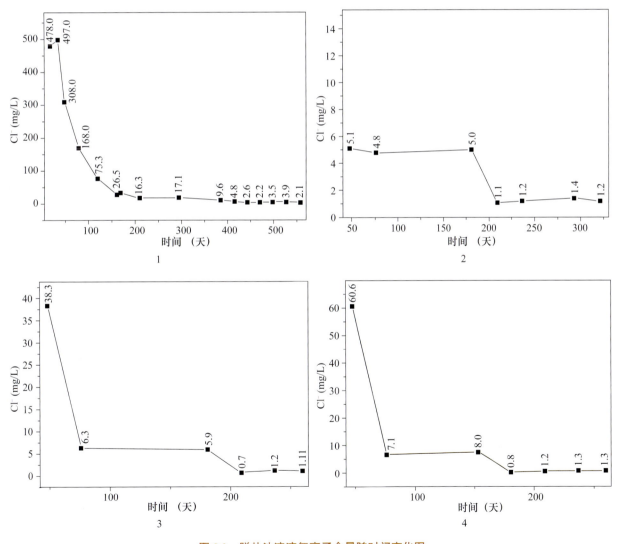

图 8.2　脱盐池溶液氯离子含量随时间变化图

1.1号池变化图　2.2号池变化图　3.4号池变化图　4.6号池变化图

4. 脱水定型

致远舰与经远舰出水木质文物脱水定型共采用三种方法。

（1）缓慢干燥法

采用保鲜膜包裹木质文物，用竹签在保鲜膜上扎孔，让文物残留水分通过孔隙缓慢蒸发，定期对文物进行称重，直至重量变化趋稳。缓慢干燥法，操作简便，周期很长，气温较高时需防控微生物病害。致远舰与经远舰出水木质文物的脱水定型大部分采用此法，特别是一些大型木构件。

（2）恒温恒湿干燥法

采用恒温恒湿箱对木质文物进行控温控湿干燥（图8.3）。首先，用吸水纸去除木质文物表面明水，称重，初始湿度调至100%，每隔3天，湿度下调3%；当湿度调至80%以下时，每周湿度下调5%；当湿度调至50%以下时，文物可以取出，保鲜膜包裹扎孔缓慢干燥，继续定期称重，直到重量变化趋稳为止。每次下调湿度前对木质文物进行称重，根据重量变化可适当调整湿度调节的速度。在干燥过程中，温度始终保持在18℃，控制温度有助于抑制微生物繁殖，减少生物损害。由于恒温恒湿箱的内部循环采用风机调节，在木质文物干燥过程中，用保鲜膜适当包裹木质文物，可以减缓风机对文物的快速风干。此外，为防止木质文物快速失水，在恒温恒湿箱底层的托盘内放置纯净水，这样也可以防止恒温恒湿箱的运行过载。恒温恒湿箱脱水定型法对比缓慢干燥法的优点是时间较短且时间相对可控，温度可控，微生物滋生风险降低。其局限性在于箱体大小决定了大型木质文物无法采用该方法。致远舰大部分木质文物及皮革、橡胶等相对保存状态欠佳的文物采用了此法（图8.3、图8.4）。

0   10厘米   0   10厘米

1   2

图8.3 恒温恒湿箱干燥文物前后

1. 干燥前   2. 干燥后

（3）乙二醛复合法

该方法最大优点是适应性广，技术成熟，几乎可适用于所有的饱水竹木漆器，且成本相对低廉。乙二醛复合法所使用的主要化学材料为乙二醛，其水溶液为弱酸性，对于饱水竹木漆器而言其酸度可以承受。脱水完成后留存于器物中的主要是乙二醛聚合物，聚合物通过氢键等方式与纤维素、木质素

图8.4　木质文物在恒温恒湿箱内的重量变化图

聚合及与纤维素、木质素的降解产物发生交联反应，从而增强了竹木漆器的机械强度，保障器物长久保存。致远舰与经远舰出水木质文物时代较晚，降解程度较低，仅对致远舰木梳（2015DD：008）采用了该方法。

5. 修复

致远舰与经远舰出水木质文物多为木构件，大多残缺不全，无修复必要。致远舰与经远舰木质文物修复工作，主要是防止木质文物开裂，少量木质文物需拼接修复。修复采用传统工艺生漆调和锯末、瓦灰等进行粘接加固。

6. 保护修复档案

参照《馆藏出土竹木漆器类文物保护修复档案记录规范》（WW/T 0011—2008），填写文物保护修复档案。其中保护修复步骤需包含保护修复过程各阶段采用的方法和药剂名称，以及预防性保护的建议。档案采用文字记录和图片采集相结合的方式。

二、保护修复案例

1. 木梳的保护

木梳（2015DD：008）：长12.9、宽4.8、厚1.3厘米。木梳呈灰黑色，饱水、表面有铁锈色斑，齿有残断，整体糟朽（图8.5，1）。该件文物降解程度较高，因此采用乙二醛填充法进行填充加固和脱水定型，干燥后使用生漆粘接补全，具体如下：

（1）脱盐

采用10mmol/l EDTA二钠溶液脱难溶盐，每月更换一次浸泡溶液，换液前取浸泡水样，根据检测数据确定脱盐终点，持续半年。鉴于木梳自身强度及加固试剂渗透需要，使用超声波清洗机低频短时清洗脱除易溶盐，每日更换去离子水，持续一周。

（2）脱水加固

将木梳清洗、拍照、称重、测量，放入40%乙二醛水溶液中。放入重物将木梳压入液面以下，定时检测浸泡液比重及木梳重量，直至木梳重量数据稳定，证明乙二醛已充分渗透，文物在聚合交联助剂内浸泡后，取出阴干。

（3）修复

采用漆灰（生漆调和锯末、瓦灰、石膏等）粘接木梳断齿，在恒温恒湿箱内控制温度26℃和湿度70%进行缓慢干燥，之后采用打磨机、手术刀修整粘接外溢的漆灰，直至木梳外型平整。采用漆片胶调和颜料，对粘接修补位置进行作色，完成修复（图8.5，2）。

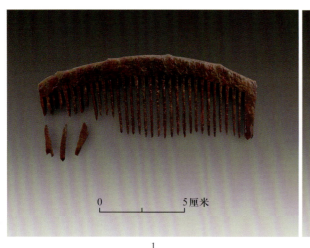
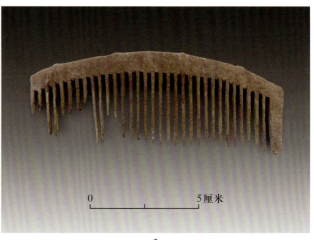

图8.5　木梳（2015DD：008）的保护修复

1. 保护前　2. 保护后

2. 砚台底的保护

致远舰砚台底（2015DD：081）：长14.8、宽10.6、厚1.3厘米。文物呈灰黑色，饱水，一端有一条裂隙，质地较坚硬（图8.6，1、2）。采用缓慢干燥法干燥，生漆粘接缝隙。具体如下：

（1）脱盐

砚台底出水后一直存放于去离子水中，使用超声波清洗机低频短时清洗脱除易溶盐，每日更换去离子水，持续一周。

（2）脱水

砚台底一端有一条裂缝，脱水过程中除了要保持砚台底表面的平整，也要注意裂缝的变化。表面包裹保鲜膜扎孔，用亚克力板和F夹夹持固定（图8.6，3）。每周称重，拆包观察脱水及缝隙开裂情况，随时调整F夹，脱水周期持续四个月。

（3）修复

采用漆灰（生漆调和锯末、瓦灰、石膏等）粘接裂缝，补全缺失部位，在恒温恒湿箱内控制温度26℃和湿度70%进行缓慢干燥，之后采用打磨机、手术刀修整粘接外溢的漆灰，直至砚台底外型平整。采用漆片胶调和颜料，对粘接修补位置进行作色，完成修复（图8.6，4、5）。

1

2

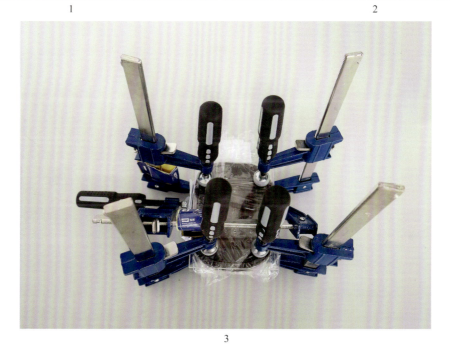

3

4

5

图 8.6 砚台底（2015DD：081）的保护

1. 正面保护前 2. 背面保护前 3. 缓慢干燥定型 4. 正面保护后 5. 背面保护后

3. 木签牌的保护

木签牌（2018ZHJYJ：300）：长7.3、宽5、厚0.5厘米。饱水，呈灰黑色，字迹模糊（图8.7，1、2）。作为经远舰遗址定名的重要文物，木牌出水后经过初步的污染物清理，采用去离子水浸泡。保护修复前采用红外扫描仪（图8.7，3、4）和显微镜对文字信息进行提取。

图8.7 木签牌（2018ZHJYJ：300）的保护

1. 正面保护前　2. 背面保护前　3. 正面红外扫描　4. 背面红外扫描

5　　　　　　　　　　　　　　　　6

图 8.7　木签牌（2018ZHJYJ：300）的保护（续）
5. 正面保护后　6. 背面保护后

（1）脱盐

为确保字迹不脱色，未采用超声波清洗机及其他试剂，采用每日更换去离子水的方法进行木牌脱盐，更换去离子水前用羊毛刷刷洗表面污物，刷洗过程中留心观察字迹是否有脱色情况，持续时间两周。

（2）干燥

采用控制干燥法，对木牌进行脱水。保鲜膜扎孔包裹，在脱水过程中为防止木牌形变，使用亚克力板定型，定时检测重量，直至重量数据稳定。脱水后木牌平整，表面字迹更加清晰（图8.7，5、6）。

第二节　其他有机质文物保护

致远舰与经远舰出水有机质文物除了船体构件和木质日用品之外，还有少量皮革、橡胶、骨质等其他有机质文物，保护修复工作流程与木质文物类似。

一、保护修复流程

1. 难溶盐脱除

有机质文物清理后，采用10mmol/L EDTA-2Na溶液进行难溶盐的脱除。根据文物及容器的大小、气温变化，定期更换浸泡液，更换溶液前取样检测溶液中的铁元素含量。当浸泡液中铁元素含量低于

5mg/L并趋于稳定时，可判断为难溶盐脱除完成。

文物脱盐过程中，不管是脱难溶盐还是脱可溶盐。浸泡都可以很好地去除文物表面及内部残留泥沙及污物，每次更换浸泡液都需要用毛刷对器物表面进行刷洗。10mmol/L EDTA-2Na溶液对文物表面凝结物有很好的软化作用，且对橡胶、皮革、骨质文物脱色作用明显。

3号池内浸泡经远舰沉船遗址出水橡胶、皮革类文物11件，分别为鞋底（2018ZHJYJ：503，橡胶质）、垫圈（2018ZHJYJ：312，橡胶质）、橡胶管（2018ZHJYJ：388）、橡胶圈（2018ZHJYJ：399）、橡胶圈（2018ZHJYJ：501）、橡胶圈（20182HJYJ：500）、皮带（2018ZHJYJ：385，橡胶质）、牛皮圈（20182HJYJ：512，皮革质）、垫圈（2018ZHJYJ：386，橡胶质）、底衬胶垫（2018ZHJYJ：383，橡胶质）、皮带（2018ZHJYJ：384，橡胶质）。浸泡7天后，溶液中铁元素含量为14.1mg/L，随着换水次数的增加，难溶盐含量逐渐下降，最终降至0.5mg/L，难溶盐脱除完成，难溶盐含量变化如图8.8所示。

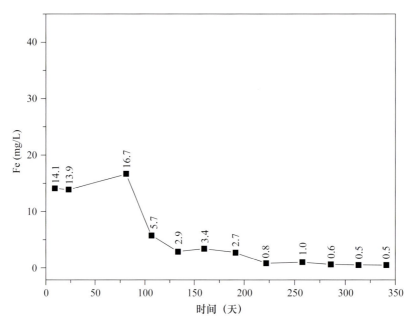

图8.8　3号池脱盐溶液难溶盐含量变化图

2. 可溶盐脱除

难溶盐脱除结束后，将浸泡液更换为去离子水，进行可溶盐的脱除工作。根据器物及容器的大小、气温变化，定期更换去离子水。

3号池内浸泡经远舰沉船遗址出水橡胶、皮革类文物11件，氯离子首次检测含量为5.6mg/L，含量较低，随着换水次数的增加，氯离子含量降至2.5mg/L左右，氯离子脱除完成，氯离子含量变化如图8.9所示。

3. 干燥

致远舰与经远舰出水皮革、橡胶、骨质等其他有机质文物干燥采用了缓慢干燥、恒温恒湿箱干燥、风冷冷冻干燥等方法。其中皮鞋底（2015DD：007）、皮带（2015DD：145）、橡胶垫圈（2016DD：023）等使用恒温恒湿箱干燥（图8.10），襄衣残片（2018ZHJYJ：387）采用了风冷冷冻干燥法。

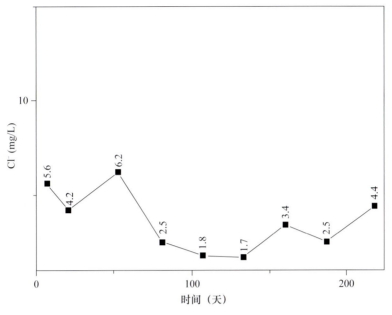

图 8.9　3 号池脱盐溶液氯离子含量变化图

图 8.10　皮鞋底在恒温恒湿箱内干燥的重量随时间变化图

风冷冷冻干燥法是利用风冷冷冻干燥设备将需干燥的文物冷冻，使其含有的水分成冰，在一定条件下使冰升华而达到干燥目的的方法。2018ZHJYJ：387 蓑衣残片（棕）使用了此方法（图 8.11）。

4. 修复

致远舰与经远舰出水皮革、橡胶、骨质等其他有机质文物，残损较多，对部分文物进行加固和补全修复。

5. 保护修复档案

参照《馆藏出土竹木漆器类文物保护修复档案记录规范》（WW/T 0011—2008），填写文物的保护

图 8.11　蓑衣残片风冷冷冻干燥的重量随时间变化图

修复档案。其中保护修复步骤记录需包含保护修复过程各阶段采用的方法和药剂名称，以及预防性保护的建议。档案采用文字记录和图片采集相结合的方式。

6. 预防性保护建议

对于有机质文物的长期保存，脱水修复后的保养工作也很重要。建议在文物储藏环境设计中按照《文物行业标准管理办法》《博物馆藏品管理办法》《博物馆藏品保存环境试行规范》等标准或规范类文件执行。预防性保护建议如下：

① 适合温度：最佳保存温度区间为 16～26℃，24 小时 ±5℃；

② 相对湿度：以 55%～65% 为宜，24 小时 ±5%；

③ 照射光源：选用过滤紫外线的冷光源，照度 100～150lux；

④ 防霉防虫：保持洁净，加强日常巡查；根据有机质文物尺寸、形状和保存状况，部分可存放于放置脱氧剂的塑封袋或密闭容器内；使用乙二醛复合法脱水的竹木漆器一般无需使用防霉剂，但需防动物损坏；

⑤ 专柜专匣：装匣后专柜保存。

二、保护修复案例

1. 皮鞋底的保护

皮鞋底（2018ZHJYJ：502）：长 23.3、宽 7.2、厚 2.1 厘米；为多层橡胶材质，鞋底利用丝线和竹签叠拼而成。处于饱水状态，竹签周围有硬质铁质沉积物，叠拼缝隙有其他沉积物（图 8.12，1、2）。

具体如下：

（1）清理脱盐

利用竹签、手术刀等工具清理表面附着物，10mmol/l EDTA二钠溶液脱难溶盐，每四周更换一次浸泡溶液，换液前取浸泡水样检测溶液中的铁元素含量。难溶盐脱除完成后，再用超声波清洗机在去离子水中震荡脱除可溶盐。

（2）干燥

皮鞋底保存状况较好，采用保鲜膜包裹的方法缓慢干燥脱水。记录重量，根据重量数值调整保鲜膜包裹紧实度及层数，直至文物重量达到一个稳定状态，脱水完成。

（3）修复

脱水后皮鞋底仍有韧性，插接竹签有松动情况时，采用少量3A胶予以粘接固定（图8.12，3、4）。

（4）保存

密封袋隔绝空气避光保存。

1

2

3

4

图8.12　皮鞋底（2018ZHJYJ：502）的保护

1. 正面保护前　2. 背面保护前　3. 正面保护后　4. 背面保护后

2. 骨质刀柄的保护

骨质刀柄（2016DD：029）：长8.6、宽1.9、厚0.15厘米；材质为骨质，出水后置于去离子水中脱盐，文物自身强度较低，需及时加固和干燥处理（图8.13，1）。具体如下：

（1）杀菌

在日常换水巡查中发现有微生物损害发生，采用75%医用酒精浸泡两小时杀菌，再换无水乙醇再浸泡两个小时，更换无水乙醇两次，为了达到更好的加固效果，文物含水量越少越好。

（2）加固

将骨质刀柄浸入3%B72乙酸乙酯溶液，一周后再浸入5%B72乙酸乙酯溶液，一周后取出阴干；干燥过程中使用亚克力板进行夹持定型。干燥后骨质刀柄有轻微起翘变形，涂刷3%B72乙酸乙酯溶液回软，调整亚克力板进一步夹持定型。

（3）修复

少量缺损部位采用509环氧树脂胶加颜料补全，漆片胶调和颜料表面作色。保护后照片见图8.13，2。

（4）保存

文物存放于密封袋中，为防止日常温湿度变化造成文物的开裂，建议将修复完成的文物存放于有温湿度调节的箱柜中。

图8.13 骨质刀柄（2016DD：029）的保护

1. 保护前　2. 保护后

3. 蓑衣残片的保护

蓑衣残片（2018ZHJYJ：387）：长23、宽11.5、厚0.6厘米；沾染大量铁锈，整体呈现铁锈红色，纤维中间有大量板结颗粒（图8.14，1、2）。

（1）清理脱盐

采用10mmol/l EDTA二钠水溶液浸泡，同时利用竹签、镊子、手术刀等将纤维中大的板结颗粒揉碎，反复流水冲洗纤维缝隙，当文物呈现原有纤维色时，利用超声波清洗机在去离子水中去除残留药剂，完成清理和脱盐工作（图8.14，3、4）。

（2）干燥定型

采用风冷冷冻干燥设备对蓑衣残片进行干燥，冷冻仓温度零下21℃。定时称重，首月一周两次称量，后期一周一次，直至文物重量保持稳定，完成保护（图8.14，5、6）。

0   10厘米

1

2

0   10厘米

3

4

0   10厘米

5

6

图 8.14　蓑衣残片（2018ZHJYJ：387）的保护

1. 保护前　2. 保护前（局部）　3. 清理脱盐后　4. 清理脱盐后（局部）　5. 保护后　6. 保护后（局部）

（3）保存

文物存放于塑料盒中，为防止日常温湿度变化及生物、微生物损害，建议将修复完成的文物存放于有温湿度调节的箱柜中。

第九章　复合材质文物保护

致远舰与经远舰沉船遗址出水文物中有一定数量的复合材质文物，包括铜铁复合、铜木复合、铁木复合、铜与皮革复合等，此类文物由不止一种材质组成。由于不同材质文物的保护材料与方法不尽相同，有时其中一种材质文物的保护材料还对另一种材质有一定破坏作用，该类文物存在一定的保护修复难度，需慎重选择保护材料与保护方法。

第一节　保护修复流程

1. 保护修复前的资料建档

复合材质建档，遵循文物个体中主要材质归档，按照国家文物局颁布的相关保护修复档案记录规范对文物建立档案。

2. 清理脱盐

复合材质文物清理脱盐工作开展前，有时需要将文物进行拆解。拆解工作是为了更好地对文物进行保护修复，遵循"无破坏，可复原"的原则，有一些不符合拆解条件的文物则原状处理。致远舰与经远舰出水复合文物以铜木复合、铁木复合为主，铜木复合文物大多可拆解复原，铁木复合文物大多难以安全拆解，多采取原状保护处理。

对于可拆解文物，在拆解之后，按照各种材质文物的脱盐方法分别进行处理。在此着重介绍复合材质文物原状处理的方法及原则。

对于海洋出水木质文物，多采取EDTA-2Na溶液之类的络合材料脱除难溶盐，脱盐周期有时长达数月。但这类络合材料会与铜木、铁木复合材质文物中铜、铁发生化学反应，从而对铜、铁部分造成损伤，同时又在溶液中大量引入铜、铁离子，这些离子渗透进入木质文物，对木质文物的稳定性保存造成隐患。因此，对于致远舰与经远舰出水的铜木、铁木复合文物，采用3%松香酒精溶液对文物金属部位进行封护，再进行木质文物难溶盐脱除工作。由于封护层在浸泡过程中会发生损耗，在整个脱盐周期内需多次涂刷封护。此外，封护材料难以完全覆盖木质与金属的接触面，因此复合材料文物木质部分的难溶盐脱除应尽快完成。在后续可溶盐脱除过程中，也可借助超声波清洗机加速脱盐和多频次换水等方法，提高可溶盐的脱除速率，缩短金属在溶液中的存留时间。

3. 干燥

可拆解的复合材质文物，按照不同材质文物的干燥方法进行干燥处理。对于不可拆解的复合材质文物，首先用热风枪吹干金属部分，再对金属部分涂刷松香酒精溶液封护，之后对木质部分采用控制干燥法干燥。

4. 修复

复合文物按照不同材质进行必要的修复，可拆解文物参照文物原有照片及资料进行拼合复原。

5. 保护修复档案

参照国家文物局颁布的相关保护修复档案记录规范，填写文物的保护修复档案。其中保护修复步骤记录包含保护修复过程各阶段采用的方法和药剂名称，以及预防性保护的建议。档案采用文字记录和图片采集相结合的方式。

第二节　保护修复案例

铜铁复合文物保护

1. 圆形舷窗的保护

致远舰圆形舷窗（2016DD：008）：铜铁复合材质，其中舷窗主体为黄铜材质，舷窗与船体连接部位保存有铁质铆钉，外径52、内径24.5厘米，重29.4千克。圆形舷窗存在全面腐蚀，有部分残缺，全身覆盖黑色和绿色锈蚀物，全身覆盖硬结物（图9.1，1）。有少量玻璃碎片残存。

（1）清洗除锈

用刻刀、洁牙机等工具去除表面凝结物与锈蚀物，放入超声波清洗机中用去离子水清洗（图9.1，2）。

（2）脱盐

将舷窗放入3%倍半碳酸钠溶液中浸泡脱盐，定期更换浸泡液，取样检测氯离子，持续六周。

（3）干燥

脱盐完成后，放入超声波清洗机中用去离子水反复清洗，然后用热风枪吹干。

（4）缓蚀

铁质部分与铜质部分分开缓蚀，铁质部分用单宁酸复配缓蚀剂进行缓蚀处理，保鲜膜包裹放置24小时后干燥（图9.1，3），铜质部分用3%BTA的乙醇溶液进行缓蚀处理，横竖刷涂两遍，保持表面清洁。

（5）封护

铁质部分与铜质部分分开封护，铁质部分用30%川白蜡的松节油溶液进行封护处理，横竖刷涂两遍，干燥后表面泛白处用热风枪加热擦拭；铜质部分用2%B72的乙酸乙酯溶液进行封护处理，横竖刷涂两遍，保持表面清洁（图9.1，4）。

2. 加特林机枪和托架的保护

致远舰加特林机枪和托架（2014DD：029）：长117、外径18厘米，保存完好，带铭牌，旋转炮架。

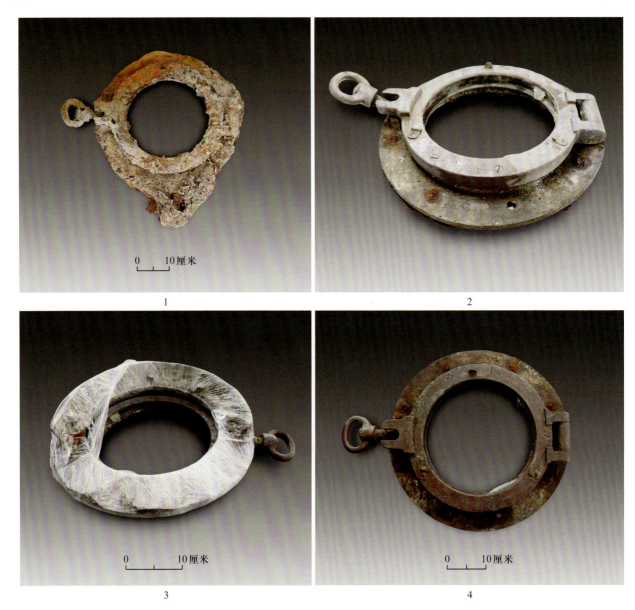

图 9.1　圆形舷窗（2016DD：008）的保护
1.保护前　2.清理后　3.缓蚀　4.封护后

加特林机枪作为致远舰的代表性武器装备在2014年打捞出水（图9.2，1），具有较高的文物、科研和展示价值。加特林机枪的发现，为深入研究当时的舰载武器装备提供了殊为难得的实例。

沉船遗址上的金属器及其凝结物中聚集的有害盐快速结晶或潮解，在氧气共同作用下，形成大量有害锈蚀物，这些锈蚀物的蔓延会极大加速加特林机枪的腐蚀损毁。

加特林机枪的枪架整体和枪管外壳为铜质，枪管内有10根枪管及枪架部分连接部位为铁质，这种复合材质文物的腐蚀速度相对更快，在保护处理时需兼顾铜质和铁质部件的保护，保护难度更大。

采集器物的初始文物信息，包括外观、尺寸、质量、照片等，并记录文物保护修复流程，建立文物保护修复档案。

（1）清理

加特林机枪表面存在珊瑚和贝壳残片之类的海洋生物残骸，采用机械工具去除。除此之外，加特林机枪表面还主要存在三种类型凝结物，白色凝结物、灰色硬质凝结物和红棕色凝结物，前两种凝结物为钙质、硅质凝结物，红棕色凝结物为铁锈。

对于较薄且致密的钙质凝结层，在加特林机枪表面几乎呈均匀分布状态，其表面被一层红棕色凝结物覆盖，用小锤子轻轻敲打，可以轻易地脱落。对于残留的凝结物，主要采用机械工具、超声波洁牙机等机械方法去除。对于凝结物非常致密的区域，结合化学贴敷（3%～5%倍半碳酸钠溶液）的方法清理。对于表面有文字或纹饰的区域，机械方法容易造成损伤，在化学方法难以彻底清理时，激光清洗法可以起到良好的辅助清理效果。清理除锈结束，用去离子水对加特林机枪进行彻底清洗。

采用以上方法对加特林机枪的铭牌进行清理（图9.2，2、3），通过铭牌的拓片（图9.2，4）对其上文字进行识别，可知该机枪是由位于英国泰恩河纽卡斯尔的 W.G.阿姆斯特朗·米歇尔有限责任公司制造，编号4781，口径0.45英寸，型号1886。

（2）脱盐

加特林机枪出水前在海洋环境中长期浸泡，枪管表层的铜锈层、内部枪管的铁锈层内，均含有大量盐分，存在氯化物。氯化物是导致铜器"青铜病"和铁器持续腐蚀的循环作用因素，需通过脱盐处理清除。可溶的氯化物可通过去离子水浸泡或冲洗的方法去除，难溶的氯化物，如氯铜矿、副氯铜矿、四方纤铁矿等，需通过碱液去除。

将加特林机枪放入盛有3wt%倍半碳酸钠溶液的脱盐池进行脱盐处理，并定期检测浸泡液的电导率。

（3）干燥处理

脱盐结束后，用去离子水将加特林机枪反复清洗，然后用红外灯和专门定制的加热烘干设备充分干燥。

（4）缓蚀

铁质部分与铜质部分分别缓蚀，铁质部分用单宁酸复配缓蚀剂进行缓蚀处理，保鲜膜包裹24小时后干燥，铜质部分用3%BTA的乙醇溶液进行缓蚀处理，横竖刷涂两遍，保持表面清洁。

（5）封护

铁质部分与铜质部分分别封护，铁质部分用川白蜡的松节油溶液进行封护处理，干燥后用热风枪

1

图9.2 加特林机枪和托架（2014DD：029）的保护

1.刚出水时的格林机关炮

"SIRW.G.ARMSTRONG MITCHELL & Ca"

"NEWCASTLE O? TYNE"

"No4781"

"CAL.C · 45"

"CATLING GUN"

"PATENTED"

"MODEL1886"

"LIMITED"

图 9.2　加特林机枪和托架（2014DD：029）的保护（续）

2.铭牌清理前　3.铭牌清理后　4.铭牌拓片及内容　5.枪身修复后　6.枪架修复后

加热表面泛白处使其充分渗透；铜质部分用2%B72的乙酸乙酯溶液进行封护处理，横竖刷涂两遍，保持表面清洁，修复后的枪身与枪架如图（图9.2，5、6）。

第三节　铜木复合文物保护

插销（2016DD：021）：长10.3、宽6、厚2厘米；铜木复合材质，铜质插销头锈结失去功能，锈蚀严重，木质部分呈灰黑色，质地较软（图9.3，1）。复合材质文物拆解后保护，可以更好的对各种材质进行脱盐保护。

（1）拆解

拍照记录文物原始状态，利用螺丝刀、手术刀、竹签等将铜质部分与木质部分分开。

（2）脱盐

木质部分采用"两步脱盐法"进行脱盐，先用EDTA二钠溶液脱难溶盐，再用去离子水脱可溶盐；铜质部分使用手术刀、竹签等工具清理锈蚀物，使插销部位恢复功能，再用超声波清洗机在去离子水中清洗脱盐。

（3）干燥

木质部分采用恒温恒湿箱干燥，逐渐降低箱内湿度，注意微生物病害；铜质部分采用电热鼓风干燥箱干燥。

（4）修复

铜质部分采用3%BTA乙醇溶液缓蚀，3%B72乙酸乙酯液封护，参照文物原始照片，将文物复原原状（图9.3，2）。

（5）保存

文物存放于密封袋中，为防止日常温湿度变化造成文物的开裂，建议将修复完成文物存放于有温湿度调节的箱柜中。

0　　　　　　　10厘米

1　　　　　　　　　　　　　　　　　　2

图9.3　插销（2016DD：021）的保护

1. 保护前　2. 保护后

第四节　铜与皮革复合文物保护

铜水烟袋（2018ZHJYJ：347）：长37、宽8.8厘米，外部包裹皮套，有一处断裂，表面有锈蚀，内部有淤泥，皮套内部有硬结物（图9.4，1）。

（1）清洗除锈

将水烟袋放入超声波清洗机中用去离子水清洗，然后用竹签去除表面锈蚀。将皮套与水烟袋分离（图9.4，2），用竹签和棉签配合清理皮套内部凝结物，水烟袋内部淤泥较多，于是将水烟袋拆解去除淤泥（图9.4，3）。

（2）脱盐

将清理完的皮套放入去离子水中浸泡脱盐，每周换水，软毛刷刷洗。水烟袋放入3%倍半碳酸钠的水溶液中浸泡脱盐。

（3）干燥

裁剪大小合适的珍珠棉放入皮套内部做支撑，包裹控制干燥，直至脱水数据稳定（图9.4，4）。水烟袋在超声波清洗机内清洗后放入烘箱烘干。

（4）拓片

水烟袋表面刻有唐代诗人岑参的《奉和中书舍人贾至早朝大明宫》一诗（图9.4，5），用宣纸和墨汁将文字拓印下来（图9.4，6）。

（5）加固修复

将拆解的水烟袋用环氧树脂胶粘接恢复到原貌，烟管断裂变形，高温加热后用锤子敲打使变形位置尽量恢复原状。烟管断裂处用红铜皮做内衬固定，点滴速干胶加固。用3A胶加铜粉将残缺处补充完

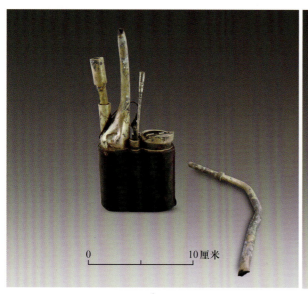
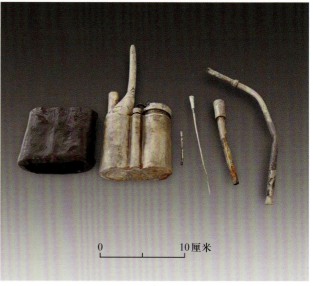

1　　　　　　　　　　　　　　　　　　　　　2

图 9.4　铜水烟袋（2018ZHJYJ：347）的保护

1. 保护前　2. 分离

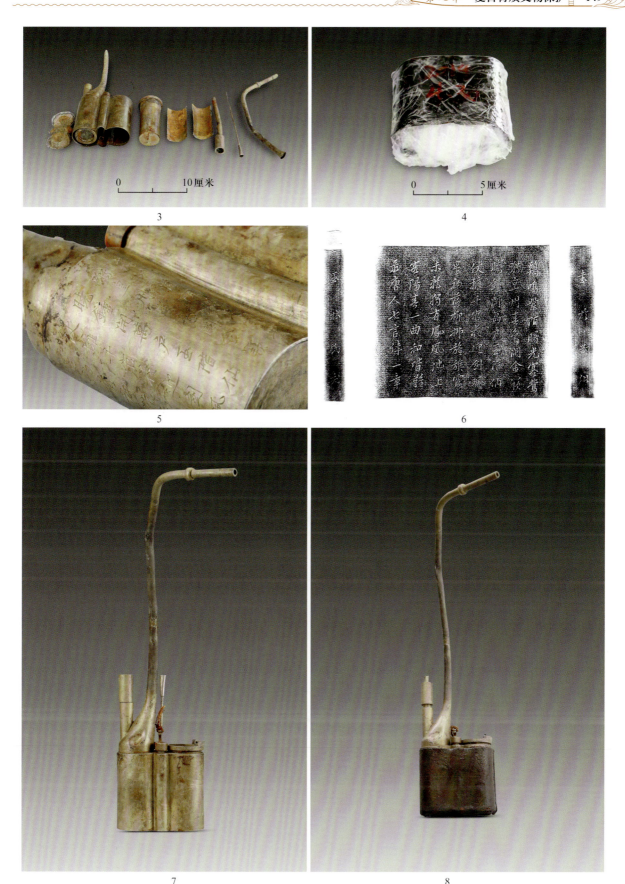

图 9.4 铜水烟袋（2018ZHJYJ：347）的保护（续）

3. 拆解保护 4. 皮套控制干燥 5. 诗文 6. 诗文拓片 7. 修复后 8. 组装后

整、自然晾干后打磨。用漆片胶加矿物质颜料将修复部位表面做旧（图9.4，7）。

（6）封护

干燥后用微晶石蜡对水烟袋封护，封护后套上皮套（图9.4，8）。

第五节　铁木复合文物保护

1. 滑轮的保护

致远舰滑轮（2015DD：123）：长42、宽20、框厚、滑轮直径11.5厘米；从2015年出水到2018年12月一直浸泡在去离子水中，定期更换去离子水，外观可见包裹有厚厚的表面硬结物（图9.5，1），影响对器物本体外观的观察，所以对该滑轮进行先清理再保护，具体保护修复方法如下：

（1）清理

采用钨钢刻刀敲击破坏表面硬质壳体，手术刀、竹签、超声波洁牙机精细剥离残留硬结物。清理后，发现该滑轮主体构件材质为铁，滑轮滚轮部分内缘为黄铜，外缘为木质结构。滑轮边清理边放入去离子水采用超声波清洗机震荡清洗。清理过程中，出现连接构件松动，所以将铁质外框架与滑轮部位拆解分别处理（图9.5，2）。

（2）脱盐

清理拆分后，铁质框架部分采用2%氢氧化钠水溶液脱盐；木铜复合滑轮部分继续采用手术刀、竹签等工具清理，采用超声波清洗机在去离子水中清洗脱盐。

（3）干燥

脱盐后，将铁质框架在烘箱内干燥。对于木铜复合部分，木质部分采用保鲜膜包裹控制干燥，铜质部分自然干燥（图9.5，3）。

（4）修复

铁质框架、轮轴采用单宁酸复配缓蚀剂缓蚀，虫白蜡封护；铜质内轮缘用3%BTA乙醇溶液缓蚀，3%B72乙酸乙酯液封护；对于滚轮木质部分，大的缝隙采用漆灰填补。各部位经缓蚀封护修补后组装，509环氧树脂胶调和矿物颜料，将轮轴与框架粘接，打磨平整，漆片胶作色（图9.5，4）。

（5）保存

复合文物材质复杂，应作为日常巡查的重点，建议将修复完成文物存放于有温湿度调节的箱柜中。

2. 斜桁的保护

斜桁（2018ZHJYJ：018）：长134、直径19厘米，木铁复合材质（图9.6，1）。文物无法拆解，只能原状处理。具体保护修复方法如下：

（1）清理脱盐

采用机械工具将文物表面锈蚀和污染物进行清理，之后用热风枪干燥铁质部位，采用3%松香乙醇溶液反复涂刷铁质部位进行临时封护，直至铁质部位滴水不吸。封护过程中木质部分注意保湿，避免发生快速失水开裂。

铁质部位封护完成后，将器物整体浸入10mmol/L EDTA二钠水溶液，对木质部分进行难溶盐的脱

0 ——— 10厘米

1

2

3

4

图9.5　滑轮（2015DD：123）的保护
1.保护前　2.清理与拆解　3.干燥　4.修复后

除。鉴于铁质与木质贴合部位无法做到完全封护，EDTA二钠水溶液无法完全脱除难溶盐，所以本件文物的难溶盐脱除以文物木质部位基本恢复原有木色为准，EDTA二钠水溶液对木质文物有很好的脱色作用。每四周更换一次浸泡液，期间需多次对铁质部位采用松香涂刷封护。当木质部位呈现原有木色后，采用超声波清洗机在去离子水中清洗文物，每日换水震荡清洗，清洗过程中用钢丝刷轻轻刷洗铁质部位表面铁锈。EDTA二钠水溶液、去离子水都对铁质部位有一定损害，所以木铁复合材质文物浸泡脱盐周期需尽量缩短。

（2）干燥

用热风枪干燥铁质部位后，用3%松香乙醇溶液反复涂刷多遍封护。整体采用塑料薄膜扎孔包裹，前期采用吸水纸吸除文物表面及薄膜内侧水珠，当文物水分下降，不再结出水珠时，塑料薄膜包裹扎孔继续干燥。干燥过程中多次涂刷松香保护铁质部位。鉴于木铁复合文物铁质部位怕水的天性，所以增加了吸水纸吸水的步骤，意在缩短脱水周期，减少对铁质部位的损害。木质部分干燥后，铁质部分采用氟碳树脂进行封护（图9.6，2）。

1
2

图 9.6　斜桁（2018ZHJYJ：018）的保护
1. 保护前　2. 保护后

（3）保存

将保护处理后的斜桁在密闭容器放置，内放吸湿变色硅胶，随时更换已变色硅胶。建议将修复完成的文物存放于有温湿度调节的箱柜中。

附　　录

附录一　致远舰遗址出水文物清单（2014～2016）

致远舰沉船遗址打捞出水的文物种类繁多，分为武器、船体构件和生活用品三类。出水文物共352件，含有机质文物30件，包含木质文物23件，皮革4件，橡胶1件，骨器1件，其他1件；金属文物292件，包括256件铜质文物，25件铁质文物、5件铅质文物和6件银质文物；无机非金属文物30件，包括瓷器26件，玻璃器2件，石质文物2件。另需说明的是，正文中标本号以B开头的标本等残块未列入附录中的出水文物清单内。

一、有机质文物（30件）

1. 木质文物（23件）

表1　木质文物统计表

序号	文物编号	文物名称	质地	数量（件/套）	尺寸（厘米）	完残程度	备注
1	2014DD：022	木盖	榆木	1	直径47.6、厚3.5	残损	
2	2014DD：024	木构件	榆木	1	长46、宽24.3、厚2	大体完好	
3	2015DD：004	木器盖残片	木	1	长32、宽9、厚0.5～1.5	残缺	
4	2015DD：008	木梳	木	1	长12.9、宽4.8、厚1.3	残，齿有残损	
5	2015DD：022	木质滑轮	木	1	长10、宽6、厚2.8	基本完好	
6	2015DD：024	木堵头	木	5	底径2、高2.5	基本完好	5件
7	2015DD：038	木滑轮	木	1	厚2、外径9.2	大体完好	
8	2015DD：046	木滑轮	木	1	长20.4、宽15.5、厚2.4	大体完好	
9	2015DD：065	木刷子	木	1	长18.6、宽7、厚2	大体完好	
10	2015DD：075	算盘珠	木	2	外径2.1、高1.1	基本完好	2件
11	2015DD：077	花瓶底垫	木	1	厚1.3、外径12	大体完好	
12	2015DD：081	砚台底	木	1	长14.8、宽10.6、厚1.3	基本完好	
13	2015DD：121	滑轮	木、铜	1	长23、宽5.9、厚3	基本完好	
14	2015DD：123	滑轮	木、铁	1	长42、宽20、框厚4、滑轮直径11.5	凝结块	
15	2015DD：144	木盆残片	木	1	长9.8、宽4.3、厚1.6	基本完好	
16	2016DD：019	木栅格隔板	木	1	长38、宽47.5	残损	有铜钉
17	2016DD：025	把手柄	木、铜	1	长8.6、内径0.7、外径1.4	基本完好	
18	2016DD：030	轳辘	木	1	外径12.6、小径10.7、高5	大体完好	

2. 其他有机质文物（皮革、橡胶、骨，其他，共7件）

表2　其他有机质文物统计表

序号	文物编号	文物名称	质地	数量（件/套）	尺寸（厘米）	完残程度	备注
1	2015DD：007	皮鞋底	皮革	2	长26.7、宽8.3、厚1.8	大体完好	2件
2	2015DD：047	电极	其他	1	长5.8、宽5.5、厚2.5	大体完好	
3	2015DD：124	鼓皮	皮革	1	宽11、高3.5、皮厚0.5	残损	
4	2015DD：145	皮带	皮革	1	长13.7、宽4.5、厚0.3	残缺	
5	2016DD：023	橡胶垫圈	橡胶	1	直径30、厚1.4	残损	
6	2016DD：029	骨质刀柄	骨	1	长8.6、宽1.9、厚0.15	大体完好	

二、金属文物（292件）

1. 铁质文物（25件）

表3　铁质文物统计表

序号	文物编号	文物名称	质地	数量（件/套）	尺寸（厘米）	完残程度	备注
1	2014DD：011	舷窗	铁	1	弧长35、沿宽5	残存不足四分之一。表面锈蚀严重，板材变薄	
2	2014DD：017	钢板	铁	1	残长19.5、宽7	残损	
3	2015DD：055	炮弹碎片（开花弹）	铁	1	长16、宽10、厚1.2～2.2	残缺	
4	2015DD：057	开花弹头引信（弹头）	铁	5	高3、内径1、大外径4.5、小外径3	残缺	2件完整，共5件
5	2015DD：061	工具（一字改锥）	铁	1	长14.2、宽11.6、内径1	基本完好	
6	2015DD：067	炮弹头（57毫米口径）	铁	1	长18.5、底径4.5	残缺	
7	2015DD：119	炮管	铁	1	长52、宽30、厚6	残片	
8	2015DD：146	开花弹弹头引信	铁	1	长7.5、外径3.1	残缺	
9	2016DD：004	防护钢板	铁	1	长50、宽37.5、厚4.5	残缺	
10	2016DD：011	环形铁块	铁	1	长18.5、宽7.5、厚2、外径7.5、内径3.5	残损	
11	2016DD：012	铁铆钉	铁	1	长3.5、外径3、内径2	残损	
12	2016DD：020	带钩滑轮	铁	1	长28、宽8、高8.5	基本完好	

序号	文物编号	文物名称	质地	数量（件/套）	尺寸（厘米）	完残程度	备注
13	2016DD：031	六角螺帽	铁	1	外宽8.5、内径5、厚2	基本完好	
14	2016DD：040	滑轮	铁	1	长40、宽20、厚7	残，凝结块	
15	2015DD：069	转轴	铁	1	长58、最小径3.5、最大径7	大体完好	
16	2016DD：006	铁栏杆柱	铁	1	长95、直径7.5	基本完好	
17	2016DD：007	救生艇支架构件	铁	1	长44、宽36、厚7	基本完好	
18	2014DD：026	克虏伯主炮管残片	铁	1	残长63、壁厚5.3、膛径21	残缺	
19	2015DD：009	57毫米哈乞开斯炮弹（穿甲弹）	铁、铜	1	长48.5、外径7	基本完好	
20	2015DD：085	57毫米哈乞开斯炮弹（穿甲弹）	铁、铜	1	长48、底径7	基本完好	
21	2015DD：120	6英寸阿姆斯特朗火炮炮弹头	铁	1	长47、底径18.8	大体完好、中部锈蚀	

2. 铜质文物（256件）

表4　铜质文物统计表

序号	文物编号	文物名称	质地	数量（件/套）	尺寸（厘米）	完残程度	备注
1	2014DD：002	连接构件	铜	1	长30、管径2.1	基本完好	
2	2014DD：004	卡口式内套	铜	1	宽2.9、厚0.2、内径3.8	基本完好	
3	2014DD：008	门锁	铜	1	长12.5、宽8.2、厚1.5	存盖板，扭曲状	
4	2014DD：009	铜管	铜	1	长75、内径2.8、外径3.4	上、下两端残损	
5	2014DD：012	铜环	铜	1	高1.1、内径10.9、外径11.8	基本完好	
6	2014DD：013	门锁	铜	1	长14.4～15、宽9～9.8、厚2	大体完好。双锁舌。侧有公司商标GREENWAY CLIVE VALE CO	
7	2014DD：014	万向节	铜	1	周长100、宽2.8、厚0.4	大体完好，接缝断开	
8	2014DD：015	连接杆	铜	1	长30、宽3、厚0.4	端头断裂	
9	2014DD：016	螺栓（电极）	铜	1	长8、外径0.8	大体完好	
10	2014DD：018	门锁	铜	1	长12.5、宽8、厚1.8	大体完好	双锁舌
11	2014DD：020	连接构件	铜	1	长46.5、宽20	基本完好	
12	2014DD：021	子弹（加特林机枪子弹）	铜	1	长7.9、弹头直径1.1、底径1.7	基本完好	

续表

序号	文物编号	文物名称	质地	数量（件/套）	尺寸（厘米）	完残程度	备注
13	2014DD：025	炮弹（57毫米哈乞开斯炮）	铜		长46、底径直径8、弹头残存直径4.2	大体完好，已除锈。弹头锈蚀一层	
14	2014DD：028	铜饰件	铜	1	长29.8、宽10、内径0.6	残	
15	2014DD：030	炮弹（57毫米哈乞开斯炮）	铜	1	长29.7（全长至固定栓30.3）、厚0.1、口径6	残损，锈蚀成多个孔洞	
16	2015DD：002	铜齿轮	铜	1	外径4.5、厚2	基本完好	
17	2015DD：005	挂锁扣	铜	1	长5.9、宽5.9、厚0.5	基本完好	
18	2015DD：010	铜钱（光绪通宝）	铜	24	外径2.2、厚0.1	基本完好	24件
19	2015DD：011	铜钱（宽永通宝）	铜	1	外径2.3、厚0.1	基本完好	
20	2015DD：012	铜钱（乾隆通宝）	铜	31	外径2.3、厚0.1	基本完好	31件
21	2015DD：013	子弹（毛瑟步枪）	铜	11	长7.1、外径0.7	基本完好	4个完整，共11件
22	2015DD：015	炮弹（37毫米哈乞开斯炮）	铜	1	长15.8、外径4	大体完好	
23	2015DD：017	铜管头接口	铜	1	高5.4、外径9.8、内径5.3	大体完好	
24	2015DD：018	铜构件	铜	1	长5.9、宽5.9、后0.1	基本完好	
25	2015DD：019	脚套	铜	3	长5、宽5、高2.2、外径3	基本完好	3件
26	2015DD：020	铜铃铛盖	铜	1	高3.5、外径7	基本完好	
27	2015DD：021	炮弹底盖（57毫米哈乞开斯炮弹底火盖）	铜	2	厚0.8、外径6.5	残	2件
28	2015DD：025	螺丝钉	铜	1	长3.3、外径1	基本完好	
29	2015DD：026	铜盖	铜	1	厚4~5、外径22.2	基本完好	
30	2015DD：027	铜提梁	铜	1	长43、外径0.5	基本完好	
31	2015DD：033	炮弹药筒（57毫米哈乞开斯炮）	铜	1	长30、口径5.7、底径6.8	基本完好	
32	2015DD：034	铜插头	铜	1	长11、外径2	大体完好	
33	2015DD：035	铜帽	铜	1	高0.4、外径2.7、内径2.5	基本完好	
34	2015DD：039	铜牌	铜	1	长13、宽4.5	基本完好，刻字"火轮机进水"	
35	2015DD：040	炮弹药筒（47毫米哈乞开斯炮）	铜	1	长37、外径5.7	基本完好	

序号	文物编号	文物名称	质地	数量（件/套）	尺寸（厘米）	完残程度	备注
36	2015DD：041	开花弹头（57毫米哈乞开斯炮）	铜	1	长21、底径5.5	基本完好	
37	2015DD：042	铜牌	铜	1	长18、宽6.6、厚0.4	基本完好（印"MAIN DISCHARGE"）	
38	2015DD：043	刻度牌	铜	1	长32.7、宽7、厚0.8	基本完好	
39	2015DD：044	铜把手	铜	1	长34、外径2.7	基本完好	
40	2015DD：048	铜插头	铜	1	长11、外径2	基本完好	
41	2015DD：049	铜刺刀柄	铜	1	长5、宽2.3～3、厚1.7	基本完好	
42	2015DD：050	炮弹筒（37毫米哈乞开斯炮）	铜	2	长9、外后径4、外前径3.6	基本完好（药筒内存有带火药）	2件
43	2015DD：051	铜锁面板	铜	1	长4.5、宽4、厚0.6	残	
44	2015DD：052	皮带扣	铜	1	长6.4、宽4.2、厚0.4	基本完好	
45	2015DD：053	皮带扣	铜	1	厚0.3、半径2.7、外径4.2	大体完好	
46	2015DD：054	铜箍	铜	4	厚0.5、内径2.7、外径3.2	基本完好	4件
47	2015DD：056	子弹壳底部	铜	4	厚0.5、外径2	残（亨利·马蒂尼）	4件
48	2015DD：058	铜构件	铜	1	高3、内径2.5、大外径4.2	大体完好	
49	2015DD：059	方形舷窗	铜	1	长50.5、宽48、厚1.5	基本完好	
50	2015DD：060	铜构件	铜	1	长6.7、宽5.6、厚0.3	基本完好	
51	2015DD：063	内嵌式提梁	铜	1	长9.9、宽4.8、厚0.7	基本完好	
52	2015DD：066	铜锁	铜	1	长6、宽5、厚1.1	基本完好	
53	2015DD：070	铜扶梯	铜	1	长端长32.5、短端长24、直径3.1	大体完好	
54	2015DD：076	铜合页	铜	1	长3.8、宽2.4	基本完好	
55	2015DD：079	铜挂钩	铜	1	长4、宽4.1、高2.2	基本完好	
56	2015DD：080	铜盖	铜	1	长4.5、宽4.5、高2.4	基本完好	
57	2015DD：084	铜管（底部有松香）	铜	1	长3.8、外径3.3	开裂（管底装有一点松香）	
58	2015DD：086	螺丝钉	铜	1	长6.4、外径1.4	基本完好	
59	2015DD：087	铜片（半圆形）	铜	1	高10、外径15.3	基本完好	
60	2015DD：091	铜螺丝钉（2枚）	铜	2	长6、帽径1.3	基本完好	2件
61	2015DD：092	铜螺丝钉	铜	1	长9.8、直径1.7	基本完好	
62	2015DD：093	挂钩	铜	1	长3.6、厚0.5、外径2.6	基本完好	

续表

序号	文物编号	文物名称	质地	数量（件/套）	尺寸（厘米）	完残程度	备注
63	2015DD：095	球形镂空铜饰	铜	1	外径1.2	大体完好	
64	2015DD：096	螺栓（电极）	铜	1	长3.6、外径1.2	基本完好	
65	2015DD：097	刀柄饰件	铜	1	长4.8、宽3.1、厚1.8	基本完好	
66	2015DD：098	手枪子弹（9.1毫米）	铜	5	长2.2、外径0.95	基本完好	5件
67	2015DD：099	铜帽	铜	1	长2、外径1.9	基本完好	
68	2015DD：100	铜螺母	铜	1	高4.3、外径6.4	基本完好	
69	2015DD：101	铜轮	铜	2	高2.8、外径9.8	基本完好	2件
70	2015DD：102	铜管套头	铜	1	长2.8、外径2.6	基本完好	
71	2015DD：103	铜垫片	铜	1	厚0.2、外径3.8	基本完好	
72	2015DD：104	零件（Z字形）	铜	1	长4.9、宽1.1、厚0.25	基本完好	
73	2015DD：105	铜锁	铜	1	长6.5、宽3.5、厚1.2	基本完好	组合3件
74	2015DD：107	手枪子弹（口径11.2毫米）	铜	3	长2.8、底径1.2	基本完好	3件
75	2015DD：109	螺丝钉	铜	2	长4.9、帽径1.9	基本完好	2件
76	2015DD：110	挂钩	铜	1	长7.2	基本完好	
77	2015DD：115	开花炮弹（47毫米哈乞开斯炮）	铜	1	长46、底径6	基本完好	
78	2015DD：116	铜拉环	铜	1	长11.2、宽7.6、厚1.8	基本完好	
79	2015DD：118	截止阀（锅炉三通）	铜	1	长85、宽48、厚2.1、口径43	基本完好，器身有裂纹	
80	2015DD：128	花窗铜饰	铜	1	长33.3、宽9、厚2	基本完好，折弯	
81	2015DD：130	铜接头（消防水龙头）	铜	1	高12、大口外径9、小口外径6	基本完好	
82	2015DD：131	小艇划桨卡槽	铜	1	长20.1、宽10.3、厚4.8	基本完好	
83	2015DD：132	灯	铜	1	高9.2、螺钉长7.5、外径10.8	残缺	
84	2015DD：133	枪扳机构件	铜	1	长14.5、宽3.8、厚1.9	基本完好	
85	2015DD：136	下漏	铜	1	宽8、厚1.5、外径9.8、盖径4.9	基本完好	
86	2015DD：137	扶手上端	铜	1	长7.2、球状外径4.8、下端外径4	基本完好	
87	2015DD：139	提梁	铜	2	长7.4、宽3.6、厚0.9	基本完好	2件
88	2015DD：140	小螺栓	铜	1	长3.2、帽径1.5、螺径0.8	基本完好	

序号	文物编号	文物名称	质地	数量（件/套）	尺寸（厘米）	完残程度	备注
89	2015DD：141	螺丝钉	铜	1	长6.2、帽径2.1	基本完好	
90	2015DD：142	长螺丝钉	铜	5	长10、帽径1.4	基本完好	5件
91	2015DD：143	铆钉	铜	1	长2.2、帽长边2.3、帽短边1.3、小径1.2	基本完好	
92	2015DD：147	堵头	铜	1	外径6.5、高2.1、小径5.5	基本完好	
93	2015DD：148	固定件	铜	1	长9.6、宽4.8、厚（直径）2.7	基本完好	
94	2015DD：149	铜壶（暂命名）	铜	1	长16.3、外径4.7、壁厚0.1	基本完好	
95	2015DD：150	防滑板	铜	1	长60.7、宽11.6、厚0.2	完好	
96	2015DD：151	铜钮扣	铜	1	径0.8、厚0.1	完好	
97	2016DD：002	铜水烟袋	铜	1	长9.2、高8.9、宽4.1	残损	
98	2016DD：005	多孔铜板	铜	1	长38、宽17、厚0.7	基本完好	
99	2016DD：009	方形舷窗遮雨帘	铜	1	长55、宽4.8、高4.5	基本完好	
100	2016DD：010	半圆形构件（罩）	铜	1	长29、宽6.4、高8	大体完好	
101	2016DD：013	圆形舷窗残件	铜	1	长53、宽8.5、厚2	残损	
102	2016DD：014	条形铜构件	铜	1	长42.5、宽8、厚2.6	残损	
103	2016DD：015	铜板构件	铜	1	长20.5、宽12、厚0.9	基本完好	
104	2016DD：017	条形铜构件	铜	1	长58、宽3.2、厚1.6	基本完好	
105	2016DD：018	铜导缆柱	铜	2	长18.2、宽5、外径2.4	基本完好	2件
106	2016DD：021	插销	铜、木	1	长10.3、宽6、高2	基本完好	
107	2016DD：022	铜拉环	铜	1	长5.7、宽3.2	基本完好	
108	2016DD：026	铜箍	铜	1	外径5.2、高1.8	基本完好	
109	2016DD：027	铜把手	铜	1	长18.3、高2.5	基本完好	
110	2016DD：028	铜构件	铜	1	长19.2、宽9.4	基本完好	
111	2016DD：032	圆头螺母	铜	1	长4.9、外径3、内径0.7	基本完好	
112	2016DD：033	铜挂钩	铜	1	长8、宽3.1	基本完好	
113	2016DD：034	挂锁扣	铜	1	长3.8、宽3.8、高1.7	基本完好	
114	2016DD：037	铜构件	铜	1	长12.6、宽约5.8	残	
115	2016DD：038	铜构件	铜	1	长10.3、宽3.2、中部最厚1	残	
116	2016DD：WBH1	步枪子弹		14		残	14件

续表

序号	文物编号	文物名称	质地	数量（件/套）	尺寸（厘米）	完残程度	备注
117	2016DD：WBH2	57毫米弹壳		1	长29、底径6.5		
118	2016DD：WBH3	衣帽钩		1			
119	2016DD：WBH4	铜圈		1	长17.7、宽14.7		
120	2016DD：WBH5	57毫米弹壳		1			
121	2015DD：003	铜牌 PORT ENGINE ROOM	铜	1	长10.1、宽4.2、厚0.2	基本完好	
122	2014DD：023	铜挂钩	铜	1	底座9、宽6、厚0.8、高8.5	基本完好	
123	2014DD：003	束管铜板	铜	1	长18、宽16、厚2、管内径1.6	残缺	
124	2015DD：016	测船底管	铜	1	厚3.1、外径12.5、内径5.6	基本完好	
125	2015DD：059	方形舷窗	铜	1	长50.5、宽48、厚1.5	基本完好、玻璃残缺	
126	2015DD：071	刻度牌	铜	1	长79、宽7、厚0.9	基本完好	
127	2015DD：078	开关	铜	1	高3.5、外径5.5	基本完好	
128	2015DD：083	铜挂钩（衣帽钩2个）	铜	2	长16.8、宽8.9	基本完好	
129	2015DD：089	铜钥匙	铜	1	长7.4、内径0.6、外径2.4	完好	
130	2015DD：111	灯座构件	铜	1	长13.2、直径11.5	基本完好	
131	2015DD：117	舷窗	铜	1	长50.3、宽48、厚2.8	基本完好、玻璃开裂	
132	2015DD：129	铜接头	铜	1	高12、大口外径9、小口外径6	基本完好	
133	2015DD：134	合页	铜	1	长10.2、单页宽4.2、厚0.4、螺钉孔径1.1	基本完好	
134	2015DD：138	插销	铜	1	长7.7、宽3.7、厚0.5	基本完好	
135	2016DD：008	圆形舷窗	铜（残留玻璃）	1	外径52、内径24.5	大体完好、玻璃残缺	
136	2016DD：016	铜活页	铜	1	长41、宽16.4、高8	完好	
137	2016DD：035	鱼雷观察窗构件	铜	1	长14.4、宽12.8、厚1	残缺	
138	2016DD：036	小艇桨柄卡槽	铜	1	长20.3、宽10.1、厚2.8～4.6	完好	
139	2016DD：039	防滑板	铜	2	长25.8、宽6.6、厚0.2	完好	
140	2014DD：029	加特林机枪和托架（带铭牌）	铜	1	长117、外径18	基本完好	

序号	文物编号	文物名称	质地	数量（件/套）	尺寸（厘米）	完残程度	备注
141	2015DD：014	37毫米哈乞开斯炮弹（穿甲弹）	铜	1	长17、外径3.7	基本完好	
142	2015DD：032	子弹（加特林机枪）	铜	3	长8.7、底径1.05	基本完好	
143	2015DD：068	鱼雷引信	铜	1	长58、直径3.8	基本完好	
144	2016DD：003	速射炮肩托（57毫米哈乞开斯炮）	铜	1	长95、高54、厚12	基本完好	
145	2015DD：029	铜钱（道光通宝）	铜	2	外径2.1、厚0.1	基本完好	
146	2015DD：030	铜钱（嘉庆通宝）	铜	2	外径2.2、厚0.1	基本完好	
147	2015DD：036	港币	铜	1	厚0.1、外径2.6	基本完好	
148	2015DD：152	铜钥匙	铜	1	长2.3、宽0.8	完好	
149	2016DD：001	单筒望远镜	铜（玻璃镜片）	1	长50、外径4.7	中间残断	

注："无编号"的5组文物系2016年遗址回填时提取的，故无编号，实验室分别将其编号为2016DD：WBH1-5。

3. 其他金属文物（11件）

表5　其他金属文物统计表

序号	文物编号	文物名称	质地	数量（件/套）	尺寸（厘米）	完残程度	备注
1	2014DD：010	下水管	铅	1	长31.5、外径3.5～5.5	下端管件残损，前端接头铜质，后端管道为铅质	
2	2015DD：062	铅弹	铅	3	外径1.5	基本完好	3件
3	2015DD：106	银汤匙	银	1	长22.5、宽4.8	基本完好、有磨损	
4	2015DD：108	手枪子弹头（12.7毫米口径）	铅	1	长2.1、外径0.9	残	
5	2015DD：125	银锭	银	5	高2.5、外径4	3枚完好，2枚残	

三、无机非金属文物（30件）

表6　无机非金属文物统计表

序号	文物编号	文物名称	质地	数量（件/套）	尺寸（厘米）	完残程度	备注
1	2014DD：001	盆碎片	瓷	1	长16、宽11、厚3	残损，不足四分之一	
2	2014DD：005	盆碎片	瓷	1	长5、宽4、厚3	残损，仅存一角	
3	2014DD：006	盆碎片	瓷	1	长10、高5、孔内径2.6	残存铜质下漏与瓷盆碎片	

续表

序号	文物编号	文物名称	质地	数量（件/套）	尺寸（厘米）	完残程度	备注
4	2014DD：007	瓷器碎片	瓷	1	残长6、残宽5.6、厚1.2	残损过多，器型为罐的腹片	
5	2014DD：019	瓷盆残片	瓷	1	残长7.2、厚2.1	残存一角	
6	2015DD：001	钵口沿残片	瓷	1	长7.5、宽5.5、厚0.7	残	
7	2015DD：006	白瓷扁瓶（鼻烟壶）	瓷	1	高3.2、宽2、厚1	口部残缺	
8	2015DD：023	瓷砖	瓷	2	长3.8、宽3.8、厚1.2	基本完好	2件
9	2014DD：027	青花器盖	瓷	1	高4、内径10、外径12.5	基本完好	
10	2015DD：028	青花瓷片	瓷	1	长10.5、宽4.5	残	
11	2015DD：037	洗漱盆	瓷	1	残长17、宽13、厚3	残缺	
12	2015DD：045	青花碟	瓷	1	高2.9、胎厚0.3、底径9.5、直径15	残缺	
13	2015DD：064	酱黄釉小杯	瓷	1	高4.9、胎厚0.2~0.5、底径2.8、外径6.5	残缺	
14	2015DD：072	石质印章（云中白鹤）	石质	1	长1.8、宽1.8、高1.8	基本完好	
15	2015DD：073	白釉小杯	瓷	1	高4.6	残	
16	2015DD：074	白底蓝釉人物花卉碗	瓷	1	高6.5	残	
17	2015DD：082	五彩花卉白瓷碗	瓷	1	高5	大体完好	
18	2015DD：088	青花花卉诗文白釉小杯	瓷	1	高4.8、直径6.4	残缺	
19	2015DD：090	致远舰舰徽白釉瓷盘	瓷	1	直径20.5、底径11.5、高1.5	残缺	
20	2015DD：094	玻璃葵口盏	玻璃	1	高4.8、胎厚0.7	残缺，碎成3块	
21	2015DD：112	致远舰舰徽白釉碟	瓷	1	高1.8、口径13.1、底径9.5	残缺	
22	2015DD：113	瓷砖	瓷	2	长10.7、厚1.2	基本完好，背面有字母	2件
23	2015DD：114	青花印泥盒	瓷	1	长10.1、宽7.3、高2.7	残缺	
24	2015DD：122	白瓷片	瓷	1	长4、宽2.1、厚0.6	残缺	
25	2015DD：126	玻璃残片	玻璃	1	长5.7、宽4.5、厚1.9	残缺	
26	2015DD：127	白瓷片（商标带皇冠）	瓷	1	长7、宽5.5、厚0.6	残缺	
27	2015DD：135	瓷罐底	瓷	1	外径12.8、厚1.2	残缺	
28	2016DD：024	棋盘	石器	1	长14.5、宽7、厚3.6	残损	

附录二　经远舰遗址出水文物清单（2018）

经远舰遗址调查提取出水大量遗物，择选出的标本达513件，种类十分丰富，包括铁、木、铜、铅、玻璃、陶瓷、皮革等材质。其中，铁质品以底舱的梁架、肋骨、舷板为多见，木质品有甲板、舱室壁板、格扇门等，铜质品有炮弹、管材、舷窗等。个别文物标本还刻有德文铭牌（印证此舰由德国制造）。代表性文物包括：铁质小锅炉（为启锚机提供蒸汽动力）、斜桁、大横肋、舷窗、舱门、铁甲堡衬木等舰体结构设施，毛瑟步枪子弹、威布列（Webley）转轮手枪子弹、37毫米哈乞开斯速射炮弹、47毫米哈乞开斯速射炮弹等武器弹药，锉刀、扳手、冲子等检修工具等。此外，还发现53毫米格鲁森炮弹药筒、120毫米炮弹底火，这两类武器均不见于经远舰出厂档案，应属1894年"甲午海战"前紧急添置的武器装备，以加强舰部火力。

经远舰出水文物513件中，分为武器、船体构件和生活用品三类。包括有机质文物148件，包含木质文物132件，橡胶、纤维、皮革、毛、棕，16件；金属文物334件，包括231件铜质文物，93件铁质文物、其他金属文物10件；无机非金属文物31件，包括陶瓷器19件，玻璃器10件，石质文物1件，砖1件。

一、有机质文物（148件）

1. 木质文物（132件）

表1　木质文物统计表

序号	文物编号	文物名称	质地	尺寸（厘米）	完整程度
1	2018ZHJYJ：001	天幕杆头	木、铜	长74、宽12、厚3.5	基本完好
2	2018ZHJYJ：002	甲板构件	木	长47.3、宽12、厚7.8	残损
3	2018ZHJYJ：003	甲板构件	木	长58.5、宽13.7、厚6.5	大体完好
4	2018ZHJYJ：004	甲板构件	木	长99、宽13.3、厚6	残损
5	2018ZHJYJ：005	甲板构件	木	长10.5、宽6.5、厚4.6	残损
6	2018ZHJYJ：006	甲板构件	木	长105、宽13、厚5.6	大体完好
7	2018ZHJYJ：007	甲板构件	木	长80、厚16、宽5.5	大体完好
8	2018ZHJYJ：008	甲板构件	木	长98、宽12.8、厚7	大体完好
9	2018ZHJYJ：009	甲板构件	木	长134.5、宽13.5、厚5.8	残损
10	2018ZHJYJ：010	甲板构件	木	长124.5、宽17、厚10.7	残损
11	2018ZHJYJ：011	甲板构件	木	长144.4、宽13、厚4.3	残损
12	2018ZHJYJ：012	甲板构件	木	长216、宽13.2	残损
13	2018ZHJYJ：013	甲板构件	木	长83、宽13.2、厚5.7	残损
14	2018ZHJYJ：014	甲板构件	木	长32、宽8.8、厚7	大体完好
15	2018ZHJYJ：015	木构件	木	长141、宽24、厚4.5	残损

序号	文物编号	文物名称	质地	尺寸（厘米）	完整程度
16	2018ZHJYJ：016	木构件	木	长79、宽32.5、厚21	大体完好
17	2018ZHJYJ：017	木构件	木	长102.6、宽23、厚13.5	大体完好
18	2018ZHJYJ：018	斜桁	木、铁	长134、直径19	基本完好
19	2018ZHJYJ：019	甲板构件	木	长118.4、宽14.2、厚4.4	大体完好
20	2018ZHJYJ：020	甲板构件	木	长103.6、宽17.7、厚4	大体完好
21	2018ZHJYJ：021	壁板	木	长111.5、宽15.5、厚3.4	基本完好
22	2018ZHJYJ：022	船舱壁板	木	长86、宽15、厚3.4	大体完好
23	2018ZHJYJ：023	壁板构件	木	长78、宽31、厚4	基本完好
24	2018ZHJYJ：024	壁板	木	长73、宽13.1、厚4.3	残损
25	2018ZHJYJ：025	厚舱壁板	木	长87.5、宽12.2、厚4.6	残损
26	2018ZHJYJ：026	壁板	木	长64、宽23.3、厚3	基本完好
27	2018ZHJYJ：027	厚壁板	木	长69.8、宽11、厚4.2	残损
28	2018ZHJYJ：028	壁板	木	长43、宽31.4、厚3.8	大体完好
29	2018ZHJYJ：029	舱室壁板	木	长42.2、宽9.4、厚3.4	大体完好
30	2018ZHJYJ：030	木板构件	木	长96、宽10.5、厚4	残损
31	2018ZHJYJ：031	舱壁板	木	长66.5、宽10.7、厚4.3	残损
32	2018ZHJYJ：032	弹药箱板	木	长24.5、宽21、厚2.3	大体完好
33	2018ZHJYJ：033	木构件	木	长52.5、宽6.8、厚6.5	大体完好
34	2018ZHJYJ：034	木构件	木	长61、宽5.5、厚3.5	大体完好
35	2018ZHJYJ：035	木构件（家具类）	木	长102、宽18.2、厚2.7	基本完好
36	2018ZHJYJ：036	木构件（门闩构件）	木	长47、宽7.7、厚3.8	基本完好
37	2018ZHJYJ：037	木构件（门闩）	木	长28.4、宽9.7、厚4	基本完好
38	2018ZHJYJ：038	木构件（壁板）	木	长49、宽15、厚2.8	大体完好
39	2018ZHJYJ：039	木构件	木	长53.9、宽14、厚3.9	基本完好
40	2018ZHJYJ：040	木格栅	木	长93、宽5.3、厚4.1	基本完好
41	2018ZHJYJ：041	木格栅	木	长55、宽5.3、厚4	残损
42	2018ZHJYJ：042	木格栅	木	长65、宽5.3、厚4.1	基本完好
43	2018ZHJYJ：043	木格栅	木	长41、宽5.3、厚4.1	基本完好
44	2018ZHJYJ：044	木板构件	木	长90、宽9、厚8.2	大体完好
45	2018ZHJYJ：045	甲板构件	木	长81.5、宽14、厚5	残损
46	2018ZHJYJ：046	甲板构件	木	长127、宽13、厚6.5	大体完好
47	2018ZHJYJ：047	甲板构件	木	长89、宽15.2、厚6.5	大体完好
48	2018ZHJYJ：048	甲板构件	木	长28.5、宽23、厚10	大体完好
49	2018ZHJYJ：049	马扎	木	宽21、高25	大体完好
50	2018ZHJYJ：050	甲板构件	木	长95、宽12.4、厚9	基本完好
51	2018ZHJYJ：051	家具木构件	木	长70.2、宽19.8、厚1.3	基本完好
52	2018ZHJYJ：052	家具木构件	木	长61、宽20.8、厚1.6	大体完好

续表

序号	文物编号	文物名称	质地	尺寸（厘米）	完整程度
53	2018ZHJYJ：053	侧板	木	长87.5、宽12.8、厚3.8	大体完好
54	2018ZHJYJ：054	门框	木	长85.6、宽8.5、厚1.9	基本完好
55	2018ZHJYJ：055	格栅门框	木	长52、宽8.5、厚1.9	残损
56	2018ZHJYJ：056	家具木构件	木	长48、宽7.2、厚1.9	大体完好
57	2018ZHJYJ：057	条环板（家具木构件）	木	长40.2、宽10.2、厚1.2	大体完好
58	2018ZHJYJ：058	门框外框	木	长30、宽8.1、厚3	残损
59	2018ZHJYJ：059	门框构件	木	长44、宽7.8、厚2	残损
60	2018ZHJYJ：060	门框格栅构件	木	长41.2、宽7.7、厚2	基本完好
61	2018ZHJYJ：061	格栅抹头（门框构件）	木	长43、宽7.8、厚2	大体完好
62	2018ZHJYJ：062	门框	木	长64、宽9.3、厚2.1	大体完好
63	2018ZHJYJ：063	家具构件	木	长32.2、宽8.8、厚2	基本完好
64	2018ZHJYJ：064	弹匣盖构件	木	长22、宽12、厚2.2	大体完好
65	2018ZHJYJ：065	家具木构件	木	长40、宽5、厚1.8	大体完好
66	2018ZHJYJ：066	木桶（构件）	木	长49.8、宽7、厚2.7	大体完好
67	2018ZHJYJ：067	木构件（格栅板）	木	长43.2、宽7.8、厚2.3	基本完好
68	2018ZHJYJ：068	壁板	木	长75、宽13、厚4.4	大体完好
69	2018ZHJYJ：069	壁板	木	长57、宽16.5、厚3.8	残损
70	2018ZHJYJ：070	壁板	木	长60.8、宽10、厚2.6	大体完好
71	2018ZHJYJ：071	木构件	木	长47、宽11.8、厚2.5	基本完好
72	2018ZHJYJ：072	木构件（木栓）	木	长9.5、宽5.4、厚1.7	基本完好
73	2018ZHJYJ：073	壁板构件	木	长60.5、宽8.5、厚2.6	大体完好
74	2018ZHJYJ：074	木构件	木	长62、宽5.4、厚3.3	基本完好
75	2018ZHJYJ：075	木板构件	木	长55、宽8.4、厚2.6	基本完好
76	2018ZHJYJ：076	木构件残片	木	长24、宽17.2、厚0.8	大体完好
77	2018ZHJYJ：077	木构件	木	长30、宽7.7、厚1.9	残损
78	2018ZHJYJ：078	家具木构件	木	长41.5、宽4.5、厚3.1	大体完好
79	2018ZHJYJ：079	家具木构件	木	长32.6、宽16.8、厚2.5	残损
80	2018ZHJYJ：080	家具木构件	木	长16.5、宽16.5、厚2.1	大体完好
81	2018ZHJYJ：081	家具构件	木	长41、宽10.5、厚1.8	残损
82	2018ZHJYJ：082	木构件	木	长18、宽5.7、厚1.1	残损
83	2018ZHJYJ：083	木楦构件	木	长21、宽6.5、厚1.1	基本完好
84	2018ZHJYJ：084	木履底残件	木	长11、宽7.5、厚1.8	大体完好
85	2018ZHJYJ：085	木塞	木	高2、直径2.6	基本完好
86	2018ZHJYJ：086	家具构件	木	长27、宽3.1、厚3.1	大体完好
87	2018ZHJYJ：087	木柱顶部构件	木	高13、宽7.2、厚2.9	残损
88	2018ZHJYJ：088	木构件（装饰）	木	高12、宽4.4	基本完好
89	2018ZHJYJ：089	刀把构件（2件）	木	长11.1、宽2.3、厚0.4	基本完好

序号	文物编号	文物名称	质地	尺寸（厘米）	完整程度
90	2018ZHJYJ：090	木盆构件	木	高10.1、宽6.6、厚1.6	基本完好
91	2018ZHJYJ：091	木盆构件	木	高10.2、宽7、厚1.2	大体完好
92	2018ZHJYJ：092	木盆构件	木	高12、宽13.8、厚2.3	基本完好
93	2018ZHJYJ：093	木盆构件	木	高12.5、宽11.2、厚2.5	基本完好
94	2018ZHJYJ：094	木盆构件	木	高11.2、宽11.4、厚1.8	基本完好
95	2018ZHJYJ：095	木盆构件	木	高11.2、宽6.9、厚1.7	基本完好
96	2018ZHJYJ：096	木桶底板	木	直径36.3、厚1.8	基本完好
97	2018ZHJYJ：097	木桶构件	木	高21.3、宽7.4、厚1.6	基本完好
98	2018ZHJYJ：098	木桶构件	木	高24.6、宽7.7、厚1.1	基本完好
99	2018ZHJYJ：099	木桶构件	木	高56、宽6.5、厚1.5	大体完好
100	2018ZHJYJ：100	木桶构件	木	高39.5、宽6.3、厚1.4	基本完好
101	2018ZHJYJ：101	木桶构件	木	高19.2、宽5.9、厚1.4	大体完好
102	2018ZHJYJ：102	木构件	木	长17.8、宽7.6、厚3.9	基本完好
103	2018ZHJYJ：103	滑轮构件	木	外径15、内径6.6、厚3.2	基本完好
104	2018ZHJYJ：104	阀门构件	木	外径18.4、内径2.4、厚3	大体完好
105	2018ZHJYJ：105	木构件	木	长9.2、宽2、厚2	大体完好
106	2018ZHJYJ：106	木构件	木	长15.6、直径1.6	基本完好
107	2018ZHJYJ：107	木塞构件	木	高11.5、直径4.2	基本完好
108	2018ZHJYJ：108	木构件（柄）	木	长24.1、宽6	基本完好
109	2018ZHJYJ：109	木构件（家具）	木	长24、宽10.6、厚0.9	大体完好
110	2018ZHJYJ：110	木构件	木	长18、宽5.2、厚1.6	大体完好
111	2018ZHJYJ：111	木构件	木	长18.8、宽5.7、厚1.7	大体完好
112	2018ZHJYJ：112	房间内壁板	木	长210、宽9.2、厚3.4	大体完好
113	2018ZHJYJ：113	木构件	木	长192、宽27、厚23	残损
114	2018ZHJYJ：220	木扣子	木	长7.45、宽1.9、直径0.8	基本完好
115	2018ZHJYJ：282	工具手柄	木、铜	长7.55、直径（小端）1.41、直径（大端）2.9	大体完好
116	2018ZHJYJ：283	工具手柄	木、铜	长8.3、直径（小端）1.21、直径（大端）2.9	基本完好
117	2018ZHJYJ：300	木签牌	木	长7.3、宽5、厚0.5	基本完好
118	2018ZHJYJ：301	麻将牌	木、竹	长2.2、宽1.8、厚1.1	基本完好
119	2018ZHJYJ：302	木堵头	木	长2.04、直径2.75	大体完好
120	2018ZHJYJ：303	算盘珠	木	高1.31、外径2.32	基本完好
121	2018ZHJYJ：308	工具手柄	木	长8、直径2	残损
122	2018ZHJYJ：319	舵轮	木	长31、宽8.3、厚5	大体完好
123	2018ZHJYJ：348	壁挂件	木、铜	长43.2、宽9.1、高12	基本完好
124	2018ZHJYJ：366	工具把手	木、铜	长14、底宽4、口径2.5	大体完好
125	2018ZHJYJ：394	木椎	木	长14.3、直径2.9	大体完好
126	2018ZHJYJ：494	舱室壁板	木	长242、宽32、厚3.5	基本完好

续表

序号	文物编号	文物名称	质地	尺寸（厘米）	完整程度
127	2018ZHJYJ：495	甲板	木	长120、宽22、厚5	基本完好
128	2018ZHJYJ：496	补板	木	长79、宽31、厚1	基本完好
129	2018ZHJYJ：497	货物盖板	木	长42.5、宽12.3、厚1.1	大体完好
130	2018ZHJYJ：508	木手柄	木	长12.2、宽3.7、厚1.8	基本完好
131	2018ZHJYJ：509	木手柄	木	长12.9、宽4.3、厚2	基本完好
132	2018ZHJYJ：510	木手柄	木	长11.4、宽4.2、厚2.5	基本完好

2. 其他有机质文物（橡胶、纤维、皮革、毛、棕，16件）

表2　其他有机质文物统计表

序号	文物编号	文物名称	质地	尺寸（厘米）	完整程度
1	2018ZHJYJ：312	垫圈	橡胶	外径8.6、内径7.9、厚0.38	基本完好
2	2018ZHJYJ：368	绳子	纤维	长18.5、宽2.8	大体完好
3	2018ZHJYJ：369	绳子	纤维	长14.5、直径1.4	大体完好
4	2018ZHJYJ：383	底衬胶垫	皮革/橡胶	长100、宽5、厚1	基本完好
5	2018ZHJYJ：384	皮带	橡胶	长62.5、宽2.3、厚0.9	基本完好
6	2018ZHJYJ：385	皮带	橡胶	长130、宽0.9、厚0.9	基本完好
7	2018ZHJYJ：386	垫圈	橡胶	长46、宽6	大体完好
8	2018ZHJYJ：387	蓑衣残片	棕	长23、宽11.5、厚0.6	残损
9	2018ZHJYJ：388	橡胶管	橡胶	长11、宽7、厚0.2	残损
10	2018ZHJYJ：399	橡胶圈	橡胶	直径6.7、厚2.6	基本完好
11	2018ZHJYJ：500	橡胶圈	橡胶	外径9、内径8、厚0.9	基本完好
12	2018ZHJYJ：501	橡胶圈	橡胶	外径5.3、厚0.7	基本完好
13	2018ZHJYJ：502	皮鞋底	皮革	长23.3、宽7.2、厚2.1	基本完好
14	2018ZHJYJ：503	鞋底	皮革	长25、宽7.5、厚0.45	基本完好
15	2018ZHJYJ：511	毛刷	毛类	长9、宽5.2	残损
16	2018ZHJYJ：512	牛皮圈	皮	直径2.6、厚0.5	基本完好

二、金属文物（334件）

1. 铁质文物（93件）

表3　铁质文物统计表

序号	文物编号	文物名称	质地	尺寸（厘米）	完整程度
1	2018ZHJYJ：393	船载工具	铁	长19、宽15.2	基本完好
2	2018ZHJYJ：400	铁构件	铁、铜	长59.5、厚0.3	大体完好
3	2018ZHJYJ：401	轴套	铁	长11.5、宽19、厚5	大体完好

序号	文物编号	文物名称	质地	尺寸（厘米）	完整程度
4	2018ZHJYJ：402	舱门	铁	长97、宽42、厚9.5	残损
5	2018ZHJYJ：403	工具	铁	长35、宽19、厚1.7	基本完好
6	2018ZHJYJ：404	8字形吊环	铁	长18.5、宽5.2、厚1.7	基本完好
7	2018ZHJYJ：405	锉刀	铁	长44.5、宽4、厚1.2	基本完好
8	2018ZHJYJ：406	轴套构件	铁	长33、宽27、厚6	大体完好
9	2018ZHJYJ：407	铸铁花纹板	铁	长30、宽13、厚2.8	基本完好
10	2018ZHJYJ：408	螺母	铁	长14.2、宽5.1、厚3	基本完好
11	2018ZHJYJ：409	长螺杆	铁	长46、宽2.6、厚2.6	基本完好
12	2018ZHJYJ：410	螺栓	铁	长7.9、宽4.7、厚2.5	大体完好
13	2018ZHJYJ：411	扳手	铁	长41、宽11、厚1.7	基本完好
14	2018ZHJYJ：412	螺栓	铁	长14.2、宽3.6、厚2.2	基本完好
15	2018ZHJYJ：413	螺母	铁	长9.8、宽3.5、厚1.7	基本完好
16	2018ZHJYJ：414	铆钉	铁	长5.6、宽3.5、厚2.5	基本完好
17	2018ZHJYJ：415	铆钉	铁	长7.6、宽3.9、厚4	基本完好
18	2018ZHJYJ：416	扳手	铁	长45.5、宽12、厚1.1	基本完好
19	2018ZHJYJ：417	螺栓	铁	长6.8、宽2.1、厚1.2	基本完好
20	2018ZHJYJ：418	铆钉	铁	长3.6、宽3.5、厚2.7	基本完好
21	2018ZHJYJ：419	螺栓	铁	长7、宽2.3、厚2.2	基本完好
22	2018ZHJYJ：420	螺栓	铁	长6.9、宽2.2、厚0.9	大体完好
23	2018ZHJYJ：421	铆钉	铁	长4.6、宽5.7、厚3.4	基本完好
24	2018ZHJYJ：422	大铆钉	铁	长6.2、宽5、厚2.8	大体完好
25	2018ZHJYJ：423	螺栓、螺母	铁	长14、宽4.7、厚3	基本完好
26	2018ZHJYJ：424	方螺栓	铁	长15.3、宽4.5、厚2.3	基本完好
27	2018ZHJYJ：425	方螺栓	铁	长6、宽3.8、厚2.5	基本完好
28	2018ZHJYJ：426	螺栓	铁	长6.6、宽2.6、厚1.5	基本完好
29	2018ZHJYJ：427	铆钉	铁	长4.3、宽3、厚2.2	基本完好
30	2018ZHJYJ：428	法兰盘	铁	直径11.3、厚1.2	基本完好
31	2018ZHJYJ：429	小密门把手	铁	长14、宽12.8、厚6	基本完好
32	2018ZHJYJ：430	舱门把手	铁	长17、宽8、厚1.3	基本完好
33	2018ZHJYJ：431	底座	铁	长16、宽10.8、厚1.2	基本完好
34	2018ZHJYJ：432	螺母构件	铁	长6.8	基本完好
35	2018ZHJYJ：433	螺母构件	铁	长5.9	基本完好
36	2018ZHJYJ：434	铁链	铁	长54、直径7.5	基本完好
37	2018ZHJYJ：435	凿子	铁	长16.7、宽3、厚2	大体完好
38	2018ZHJYJ：436	扳手工具	铁	长28.5、直径7.6	基本完好
39	2018ZHJYJ：437	锉刀	铁	长39.5、宽3.5、厚0.6	基本完好
40	2018ZHJYJ：438	锉刀	铁	长36、宽3.8、厚0.7	基本完好
41	2018ZHJYJ：439	轴套构件	铁	长25、宽17、厚3.2	残损

续表

序号	文物编号	文物名称	质地	尺寸（厘米）	完整程度
42	2018ZHJYJ：440	轴套构件	铁	长43、宽14、厚3.1	大体完好
43	2018ZHJYJ：441	连接件	铁	长130、宽25.5/15	
44	2018ZHJYJ：442	栏杆	铁	长83	
45	2018ZHJYJ：443	小角钢	铁	长103、宽6.5	
46	2018ZHJYJ：444	大角钢	铁	长48、宽11、厚1.2	大体完好
47	2018ZHJYJ：445	连接件	铁	长105、直径12.5	基本完好
48	2018ZHJYJ：446	扁铁	铁	长87、宽7、直径0.8	基本完好
49	2018ZHJYJ：447	肋骨	铁	长1540、宽8、厚1	
50	2018ZHJYJ：448	细铁棍	铁	长125、宽22、厚2.8	大体完好
51	2018ZHJYJ：449	连接件	铁	长103、宽8.5、厚0.5	大体完好
52	2018ZHJYJ：450	大横肋残件	铁	长65、宽67、厚0.5	
53	2018ZHJYJ：454	组合连接件	铁	长70	
54	2018ZHJYJ：455	大横肋残件	铁	长75、宽52	
55	2018ZHJYJ：457	围栏杆	铁	长92	基本完好
56	2018ZHJYJ：458	围栏杆	铁	长117	
57	2018ZHJYJ：459	隔舱板	铁	长53、宽33、厚0.9	
58	2018ZHJYJ：460	肋骨	铁	长86.5	
59	2018ZHJYJ：461	大横肋残件	铁	长129、宽68	
60	2018ZHJYJ：462	外壳板残件	铁	长54、宽23	
61	2018ZHJYJ：463	轴瓦	铁、铜	长26、宽16	大体完好
62	2018ZHJYJ：464	铁管（带法兰盘）	铁	长42、直径7.5	基本完好
63	2018ZHJYJ：465	长螺杆	铁	长66.5、直径2.5~4.2	
64	2018ZHJYJ：466	锅炉算子	铁	长42	
65	2018ZHJYJ：467	固定杆	铁	长63	
66	2018ZHJYJ：468	方形铁杆	铁	长93.5、宽2	大体完好
67	2018ZHJYJ：469	围栏杆	铁	长144	
68	2018ZHJYJ：470	装甲残片	铁	长33.5、宽2、厚5.5	
69	2018ZHJYJ：471	隔舱板	铁	长65、宽18	大体完好
70	2018ZHJYJ：472	大角钢	铁	长34、宽19、厚0.2	大体完好
71	2018ZHJYJ：473	舱壁板	铁	长74、宽36、厚0.8	大体完好
72	2018ZHJYJ：474	工字钢	铁	长82、宽18、厚0.4	大体完好
73	2018ZHJYJ：475	铁管	铸铁	长35、宽15.5、厚1.8	基本完好
74	2018ZHJYJ：476	围栏杆	铁	长74	大体完好
75	2018ZHJYJ：477	铸铁件	铁	长85、宽11、厚2.5	大体完好
76	2018ZHJYJ：478	铸铁件	铁	长26.5、宽23.5、厚3	大体完好
77	2018ZHJYJ：479	铁窗边框	铁	长45、宽22	残损
78	2018ZHJYJ：480	锅炉算子	铁	长91、宽8.5、厚3	大体完好
79	2018ZHJYJ：481	锅炉算子	铁	长92、宽8、厚4.5	大体完好

序号	文物编号	文物名称	质地	尺寸（厘米）	完整程度
80	2018ZHJYJ：482	蒸汽机链接杆残件	铁	长30、宽14、厚5.5	大体完好
81	2018ZHJYJ：483	水密隔舱板	铁	长106、宽51、厚0.3	残损
82	2018ZHJYJ：484	隔舱板	铁	长72、宽70、厚0.5	残损
83	2018ZHJYJ：485	水密隔舱板	铁	长80、宽50、厚0.7	基本完好
84	2018ZHJYJ：486	补强材板	铁	长157、宽85	大体完好
85	2018ZHJYJ：487	蒸汽机配气传动杆	铁	长133、宽16	基本完好
86	2018ZHJYJ：488	连接杆	铁	长304、宽4.7、厚3.5	大体完好
87	2018ZHJYJ：491	舱底总水管	铁	长187、宽48.5	大体完好
88	2018ZHJYJ：492	小锅炉	铁	长174、宽60	基本完好
89	2018ZHJYJ：493	角槽	铁	长165、宽6.8、厚0.7	基本完好
90	2018ZHJYJ：498	检修口铁盖	铁	长18.5、宽13.3、厚2.5	基本完好
91	2018ZHJYJ：499	外壳列板构件	铁	长400、宽200	大体完好
92	2018ZHJYJ：505	工具	铁	长12、宽1.1、厚1	大体完好
93	2018ZHJYJ：507	冲子	铁	长14.5、宽2.8、厚0.6	大体完好

2. 铜质文物（231件）

表4　铜质文物统计表

序号	文物编号	文物名称	质地	尺寸（厘米）	完整程度
1	2018ZHJYJ：114	毛瑟步枪子弹	铜	高7.1、底径1.45	基本完好
2	2018ZHJYJ：115	毛瑟步枪子弹	铜	高7.5、底径1.4	基本完好
3	2018ZHJYJ：116	毛瑟步枪子弹	铜	高7.25、底径1.44	基本完好
4	2018ZHJYJ：117	毛瑟步枪子弹	铜	高7.45、底径1.4	基本完好
5	2018ZHJYJ：118	毛瑟步枪子弹	铜	高7.2、底径1.49	基本完好
6	2018ZHJYJ：119	毛瑟步枪子弹	铜	高6.65、底径1.43	基本完好
7	2018ZHJYJ：120	毛瑟步枪子弹	铜	高6.7、底径1.45	基本完好
8	2018ZHJYJ：121	毛瑟步枪子弹	铜	高7.55、底径1.45	基本完好
9	2018ZHJYJ：122	毛瑟步枪子弹	铜	高6.5、底径1.45	基本完好
10	2018ZHJYJ：123	毛瑟步枪子弹	铜	高7、底径1.6	基本完好
11	2018ZHJYJ：124	毛瑟步枪子弹	铜	高7.1、底径1.4	基本完好
12	2018ZHJYJ：125	毛瑟步枪子弹	铜	高6.85、底径1.41	基本完好
13	2018ZHJYJ：126	毛瑟步枪子弹	铜	高7.4、底径1.45	基本完好
14	2018ZHJYJ：127	毛瑟步枪子弹	铜	高7.4、底径1.45	基本完好
15	2018ZHJYJ：128	毛瑟步枪子弹	铜	高7.2、底径1.4	基本完好
16	2018ZHJYJ：129	毛瑟步枪子弹	铜	高7.1、底径1.45	基本完好
17	2018ZHJYJ：130	毛瑟步枪子弹	铜	高6.35、底径1.45	基本完好
18	2018ZHJYJ：131	毛瑟步枪子弹	铜	高6.8、底径1.3	基本完好
19	2018ZHJYJ：132	毛瑟步枪子弹	铜	高7.3、底径1.3	基本完好
20	2018ZHJYJ：133	毛瑟步枪子弹	铜	高7.3、底径1.3	基本完好
21	2018ZHJYJ：134	毛瑟步枪弹壳	铜	高5.7、底径1.4	大体完好

续表

序号	文物编号	文物名称	质地	尺寸（厘米）	完整程度
22	2018ZHJYJ：135	毛瑟步枪弹壳	铜	高6.1、底径1.4	基本完好
23	2018ZHJYJ：136	毛瑟步枪弹壳	铜	高6.1、底径1.42	基本完好
24	2018ZHJYJ：137	毛瑟步枪弹壳	铜	高5.9、底径1.45	基本完好
25	2018ZHJYJ：138	毛瑟步枪弹壳	铜	高5.8、底径1.3	基本完好
26	2018ZHJYJ：139	毛瑟步枪弹壳	铜	高5.7、底径1.3	大体完好
27	2018ZHJYJ：140	毛瑟步枪弹壳	铜	高6.05、底径1.43	基本完好
28	2018ZHJYJ：141	毛瑟步枪弹壳	铜	高6.06、底径1.55	大体完好
29	2018ZHJYJ：142	毛瑟步枪弹壳	铜	高5.97、底径1.41	基本完好
30	2018ZHJYJ：143	毛瑟步枪弹壳	铜	高6.02、底径1.41	基本完好
31	2018ZHJYJ：144	毛瑟步枪子弹	铜	高6.07、底径1.45	基本完好
32	2018ZHJYJ：145	毛瑟步枪弹壳	铜	高5.68、底径1.31	基本完好
33	2018ZHJYJ：146	毛瑟步枪弹壳	铜	高6.05、底径1.45	基本完好
34	2018ZHJYJ：147	毛瑟步枪弹壳	铜	高5.88、底径1.41	大体完好
35	2018ZHJYJ：148	毛瑟步枪弹壳	铜	高5.94、底径1.46	基本完好
36	2018ZHJYJ：149	毛瑟步枪弹壳	铜	高5.91、底径1.43	大体完好
37	2018ZHJYJ：150	毛瑟步枪弹壳	铜	高6.01、底径1.49	基本完好
38	2018ZHJYJ：151	毛瑟步枪弹壳	铜	高5.86、底径1.44	大体完好
39	2018ZHJYJ：152	毛瑟步枪弹壳	铜	高6.03、底径1.45	大体完好
40	2018ZHJYJ：153	毛瑟步枪弹壳	铜	高5.91、底径1.4	大体完好
41	2018ZHJYJ：154	毛瑟步枪弹壳	铜	高6.02、底径1.46	基本完好
42	2018ZHJYJ：155	毛瑟步枪弹壳	铜	高6.06、底径1.4	基本完好
43	2018ZHJYJ：156	毛瑟步枪弹壳	铜	高5.96、底径1.46	基本完好
44	2018ZHJYJ：157	毛瑟步枪弹壳	铜	高6.01、底径1.42	基本完好
45	2018ZHJYJ：158	手枪子弹	铜	高3.69、底径1.29	基本完好
46	2018ZHJYJ：159	手枪子弹壳	铜	高2.41、底径1.29	大体完好
47	2018ZHJYJ：160	手枪弹壳	铜	高2.1、底径1.3	大体完好
48	2018ZHJYJ：161	手枪弹头	铜	高2.38、底径1.16	大体完好
49	2018ZHJYJ：162	手枪弹头	铜	高2.47、底径1.07	大体完好
50	2018ZHJYJ：163	47毫米炮弹壳	铜	高13.08、底径8.78	大体完好
51	2018ZHJYJ：164	47毫米炮弹壳	铜	高12.79、底径5.46	大体完好
52	2018ZHJYJ：165	47毫米炮弹壳底部	铜	厚1.04、底径5.7	大体完好
53	2018ZHJYJ：166	47毫米炮弹壳底部	铜	厚1.04、底径5.7	大体完好
54	2018ZHJYJ：167	37毫米炮弹壳	铜	高9.33、底径4	基本完好
55	2018ZHJYJ：168	37毫米炮弹壳	铜	高9.1、底径3.96	基本完好
56	2018ZHJYJ：169	37毫米炮弹壳	铜	高6.95、底径3.87	残损
57	2018ZHJYJ：170	37毫米炮弹头	铜	高9.49、底径3.58	基本完好
58	2018ZHJYJ：171	120毫米炮弹引信	铜	高3.33、底径3.61	基本完好
59	2018ZHJYJ：172	发火管	铜	高4.9、底径1.95	基本完好

续表

序号	文物编号	文物名称	质地	尺寸（厘米）	完整程度
60	2018ZHJYJ：173	发火管	铜	高4.96、底径1.8	基本完好
61	2018ZHJYJ：174	发火管	铜	高5.02、底径2	基本完好
62	2018ZHJYJ：175	螺丝构件	铜	高9.05、外径3.4	基本完好
63	2018ZHJYJ：176	螺丝构件	铜	高2.23、外径1.78	基本完好
64	2018ZHJYJ：177	铜锁构件	铜	长10.65、宽5.62、厚0.27	基本完好
65	2018ZHJYJ：179	铜合页	铜	长6.59、宽6.55、厚0.32	基本完好
66	2018ZHJYJ：180	铜铭牌	铜	长7.95、宽5.36、厚0.23	基本完好
67	2018ZHJYJ：181	铜构件	铜	长8.12、宽2.75、厚0.4	基本完好
68	2018ZHJYJ：182	铜锁	铜	长8.1、宽1.7、厚0.2	基本完好
69	2018ZHJYJ：183	下漏	铜	外径6.32、厚1.25	基本完好
70	2018ZHJYJ：184	铜构件	铜	高3.59、直径（大）2.15	基本完好
71	2018ZHJYJ：185	铜提梁构件	铜	长15.32、宽11.45、直径0.48	基本完好
72	2018ZHJYJ：186	铜装饰品构件	铜	长15、宽3.65、厚0.6	大体完好
73	2018ZHJYJ：187	铜壶嘴管构件	铜	长21、外径2.38、内径0.85	基本完好
74	2018ZHJYJ：188	油灯提梁	铜	长16.7	残损
75	2018ZHJYJ：189	铜油灯	铜	高5.8、外径8.69	基本完好
76	2018ZHJYJ：190	油灯顶罩构件	铜	高2.7、直径（大）5.5	基本完好
77	2018ZHJYJ：191	铜盖	铜	外径5.7	基本完好
78	2018ZHJYJ：192	灯芯盖	铜	高2.35、外径3.47	基本完好
79	2018ZHJYJ：193	发簪	铜	长15.82、宽0.98	基本完好
80	2018ZHJYJ：194	铜拉环构件	铜	长7.4、环直径1.32、铜丝直径0.12	基本完好
81	2018ZHJYJ：195	铜构件	铜	长3.26、外径2.09、厚0.73	基本完好
82	2018ZHJYJ：196	铜螺丝	铜	长8.87、冒径2.13、直径1.07	基本完好
83	2018ZHJYJ：197	铜螺丝	铜	长7.45、冒径1.64、直径0.85	基本完好
84	2018ZHJYJ：198	铜螺丝	铜	长6、冒径1.08、直径0.64	基本完好
85	2018ZHJYJ：199	铜螺丝	铜	长3.47、冒径1.14、直径0.62	基本完好
86	2018ZHJYJ：200	铜螺丝	铜	长3.13、冒径1.26、直径0.6	基本完好
87	2018ZHJYJ：201	铜钉（方形截面）	铜	长6.45、冒边长0.6、边长0.25	基本完好
88	2018ZHJYJ：202	铜螺丝	铜	长3.18、冒径0.34、直径0.17	基本完好
89	2018ZHJYJ：203	铜钱（乾隆通宝）	铜	外径2.45、孔边长0.5、厚0.12	基本完好
90	2018ZHJYJ：204	铜钱（乾隆通宝）	铜	外径2.24、孔边长0.6、厚0.12	基本完好
91	2018ZHJYJ：205	铜钱（嘉庆通宝）	铜	外径2.48、孔边长0.57、厚0.11	基本完好
92	2018ZHJYJ：206	铜钱（道光通宝）	铜	外径2.12、孔边长0.6、厚0.11	基本完好
93	2018ZHJYJ：207	47毫米炮弹壳	铜	高13.6、底径7.66	大体完好
94	2018ZHJYJ：208	47毫米炮弹壳	铜	高13、底径5.52	基本完好
95	2018ZHJYJ：209	47毫米炮弹壳	铜	高12.77、底径5.55	基本完好
96	2018ZHJYJ：210	47毫米炮弹底部	铜	直径6.2、厚1.7	基本完好

序号	文物编号	文物名称	质地	尺寸（厘米）	完整程度
97	2018ZHJYJ：211	37毫米炮弹壳	铜	高9.21、底径3.94	基本完好
98	2018ZHJYJ：212	毛瑟步枪子弹	铜	高6.86、底径1.35	基本完好
99	2018ZHJYJ：213	毛瑟步枪弹壳	铜	高5.95、底径1.32	基本完好
100	2018ZHJYJ：214	发火管	铜	长5、冒径1.98、体径0.9	基本完好
101	2018ZHJYJ：215	毛瑟步枪弹壳	铜	高6.08、底径1.44	基本完好
102	2018ZHJYJ：216	铜构件	铜	长9.5、直径0.48	基本完好
103	2018ZHJYJ：217	铜壶嘴	铜	长11.7、直径（大）2.2、直径（小）1.3	基本完好
104	2018ZHJYJ：218	铜构件	铜	长4.4、宽2.4	基本完好
105	2018ZHJYJ：219	铜螺丝	铜	长4.45、冒径1.4、体径0/69	基本完好
106	2018ZHJYJ：221	铜底盖盒	铜	外径9.1、内径8.5、高1.6	基本完好
107	2018ZHJYJ：222	铜铭牌（油漆桶）	铜	直径8.6、厚0.5	基本完好
108	2018ZHJYJ：223	铜铭牌（油漆桶）	铜	直径8.6、厚0.5	基本完好
109	2018ZHJYJ：224	阀门	铜	长6.25、外径2.3、内径1.6	大体完好
110	2018ZHJYJ：225	锁扣	铜	高1.08、底径2.13	基本完好
111	2018ZHJYJ：226	37毫米炮弹壳	铜	高9.23、底径4	基本完好
112	2018ZHJYJ：227	格鲁森53毫米炮弹残片	铜	高2.95、外径7.12、片厚0.48	残损
113	2018ZHJYJ：228	铜管构件	铜	长11.15、直径1.03	大体完好
114	2018ZHJYJ：229	手枪子弹	铜	高1.18、底径1.31	基本完好
115	2018ZHJYJ：230	螺栓（六角）	铜	长4.76、冒径3.31、体径1.87	基本完好
116	2018ZHJYJ：231	铜提梁	铜	长9.04、宽4.7、厚1.26	大体完好
117	2018ZHJYJ：232	铜线	铜	直径0.42、卷径10.2	基本完好
118	2018ZHJYJ：233	37毫米炮弹壳（压成不规则片状）	铜	长13.25、底径3.96	残损
119	2018ZHJYJ：235	毛瑟步枪弹壳	铜	高6.05、底径1.43	基本完好
120	2018ZHJYJ：236	毛瑟步枪弹壳	铜	高5.94、底径1.42	基本完好
121	2018ZHJYJ：237	毛瑟步枪弹壳	铜	高5.95、底径1.41	基本完好
122	2018ZHJYJ：238	毛瑟步枪弹壳	铜	高5.96、底径1.44	基本完好
123	2018ZHJYJ：239	毛瑟步枪弹壳	铜	高5.93、底径1.42	基本完好
124	2018ZHJYJ：240	毛瑟步枪弹壳	铜	高6.05、底径1.41	基本完好
125	2018ZHJYJ：241	毛瑟步枪弹壳	铜	高6.1、底径1.41	基本完好
126	2018ZHJYJ：242	毛瑟步枪弹壳	铜	高5.97、底径1.4	大体完好
127	2018ZHJYJ：243	毛瑟步枪弹壳	铜	高7.02、底径1.41	基本完好
128	2018ZHJYJ：244	悬挂式吊环（致远同类2015DD79）	铜	长4.63、宽2、厚0.8	基本完好
129	2018ZHJYJ：245	毛瑟步枪子弹	铜	高7.37、底径1.45	基本完好
130	2018ZHJYJ：246	毛瑟步枪弹壳	铜	高6.08、底径1.4	基本完好
131	2018ZHJYJ：247	毛瑟步枪子弹	铜	高6.02、底径1.4	基本完好
132	2018ZHJYJ：248	毛瑟步枪子弹	铜	高5.93、底径1.39	基本完好
133	2018ZHJYJ：249	毛瑟步枪弹壳	铜	高5.81、底径1.4	大体完好

续表

序号	文物编号	文物名称	质地	尺寸（厘米）	完整程度
134	2018ZHJYJ：250	毛瑟步枪弹壳	铜	高6.01、底径1.4	大体完好
135	2018ZHJYJ：251	毛瑟步枪弹壳	铜	高5.95、底径1.4	大体完好
136	2018ZHJYJ：252	铜环（残件）	铜	长13、截面1.02×0.75	基本完好
137	2018ZHJYJ：253	铜片	铜	长6.2、宽4.25、厚0.61	基本完好
138	2018ZHJYJ：254	铜阀门	铜	长14、宽11.4	基本完好
139	2018ZHJYJ：255	防滑板	铜	长61.4、宽4.6、厚0.7	基本完好
140	2018ZHJYJ：256	铜条构件（直角截面）	铜	长56.5、角边2.7/1.8	基本完好
141	2018ZHJYJ：257	铜构件）	铜	长38.3、宽8.3、直径5.7	基本完好
142	2018ZHJYJ：258	马灯罩	铜	残长26、宽12、厚2.4	大体完好
143	2018ZHJYJ：259	油灯提梁	铜	长22.5、宽3.1、直径1.5	基本完好
144	2018ZHJYJ：260	铜挂件	铜	长24.8、宽5.2、厚6.6	基本完好
145	2018ZHJYJ：261	铜构件	铜	长10.95、宽7.8、厚0.55	基本完好
146	2018ZHJYJ：262	铜灯构件	铜	长29.4、宽17、高1.4	基本完好
147	2018ZHJYJ：263	铜灯构件	铜	长23.4、宽15.8、厚1.3/1.1	大体完好
148	2018ZHJYJ：264	盖板	铜	长27.7、宽19.6、厚4、钮径4.4	基本完好
149	2018ZHJYJ：265	铜油灯嘴	铜	高1.72、外径2.3、壁厚1.72	基本完好
150	2018ZHJYJ：266	铜螺丝钉	铜	长3.48、冒径1.22	基本完好
151	2018ZHJYJ：267	铜铆钉	铜	长0.82、冒径2.58、体径1.06	大体完好
152	2018ZHJYJ：268	37毫米炮弹壳	铜	高9.07、底径4.01、口径3.88	基本完好
153	2018ZHJYJ：269	37毫米炮弹壳	铜	高9.28、底径4、口径3.7	基本完好
154	2018ZHJYJ：270	37毫米炮弹壳	铜	高9.25、底径3.98、口径3.5	基本完好
155	2018ZHJYJ：271	发火管	铜	长8.4、冒径2、体径0.91	基本完好
156	2018ZHJYJ：272	铜管	铜	长21.8、直径1.12	基本完好
157	2018ZHJYJ：273	螺丝	铜	长4、外径2.4、内径1.6	基本完好
158	2018ZHJYJ：274	螺母（六角）	铜	高1.26、对角长2.22	基本完好
159	2018ZHJYJ：275	铜构件	铜	长5.53、宽1.23、厚（条截面）0.27	基本完好
160	2018ZHJYJ：276	铜塞	铜	高0.83、冒径1.65、体径1.3	基本完好
161	2018ZHJYJ：277	铜钱（乾隆通宝）	铜	直径2.3	基本完好
162	2018ZHJYJ：278	铜钱（光绪通宝）	铜	直径2.18	基本完好
163	2018ZHJYJ：279	发火管	铜	长5、冒径2、体径0.95	基本完好
164	2018ZHJYJ：280	铜箍	铜	高1.7、直径6.6	基本完好
165	2018ZHJYJ：284	铜轴瓦	铜	长10.05、宽9.6、厚4.86、孔径7.5	基本完好
166	2018ZHJYJ：285	铜弯头	铜	长7、管径1.61、对边距离（六角）2.42	基本完好
167	2018ZHJYJ：286	冷凝管	铜	长4.2、高1.86、口径2.52	残损
168	2018ZHJYJ：287	铜铆钉	铜	长1.45、冒径2.52、体径1.05	基本完好
169	2018ZHJYJ：288	铜堵头	铜	长2.82、端径（大）3.81、端径（小）2.35	大体完好
170	2018ZHJYJ：289	铜螺丝	铜	长1.4、冒径1.62、体径1.22	基本完好
171	2018ZHJYJ：290	铜铆钉	铜	长1.6、冒径1.53、体径0.88	基本完好

序号	文物编号	文物名称	质地	尺寸（厘米）	完整程度
172	2018ZHJYJ：291	铜合页	铜	长6.6、宽6.56、厚0.34	基本完好
173	2018ZHJYJ：292	铜合页	铜	长6.31、宽5、厚0.38	基本完好
174	2018ZHJYJ：293	油漆铜盖	铜	直径11、厚0.05	基本完好
175	2018ZHJYJ：294	47毫米开花弹头铜皮壳（霰弹）	铜	高7、底径4.65	基本完好
176	2018ZHJYJ：295	铜弹簧	铜	长9.1、直径3.7、线径0.31	基本完好
177	2018ZHJYJ：296	铜构件	铜	长19、宽5.5	基本完好
178	2018ZHJYJ：297	合页构件	铜	长15.2、宽2.6、厚0.4	基本完好
179	2018ZHJYJ：298	铜构件	铜	长3.9、宽（圆柄）2、厚0.19	基本完好
180	2018ZHJYJ：299	铜刻度盘（测仰角）	铜	长8.6、宽2.8、厚0.07	基本完好
181	2018ZHJYJ：304	铜油灯	铜	高8.8、口径11.5、宽13.9	基本完好
182	2018ZHJYJ：305	53毫米炮弹头（铸铁）	铁	长20、底径5.3	大体完好
183	2018ZHJYJ：306	铜构件（高温熔化变形）	铜	长3.3、宽2.1	残损
184	2018ZHJYJ：307	铜盖	铜	直径4.4、高1.65	基本完好
185	2018ZHJYJ：310	铜螺丝	铜	长5.5、长（螺帽对角）1.41、体径0.9	基本完好
186	2018ZHJYJ：313	铜管	铜	长（折叠）35.5、外径1.95	大体完好
187	2018ZHJYJ：314	铜管	铜	长51、外径3.6	基本完好
188	2018ZHJYJ：315	铜管	铜	长46.5、外径3.7	基本完好
189	2018ZHJYJ：316	铜网	铜	长9、宽4	残损
190	2018ZHJYJ：317	油灯构件	铜	长8.4、宽7.3、高3.2	基本完好
191	2018ZHJYJ：318	油灯构件	铜	长15.8、宽13.5、厚0.08	基本完好
192	2018ZHJYJ：320	53毫米炮弹壳	铜	长30、口径5.6、底径7.1	基本完好
193	2018ZHJYJ：321	47毫米炮弹壳	铜	长12.5、口径6	大体完好
194	2018ZHJYJ：322	37毫米炮弹壳	铜	长9.2、口径3.9	基本完好
195	2018ZHJYJ：323	铜螺丝	铜	长17.3、内径5.05、外径7.85	基本完好
196	2018ZHJYJ：324	铜铭牌	铜	长21、宽5、厚0.43	基本完好
197	2018ZHJYJ：325	阀门构件	铜	长10.1、宽9.2	基本完好
198	2018ZHJYJ：326	铜构件	铜、木	长9.7、厚3.4、直径7	大体完好
199	2018ZHJYJ：327	油管（带阀门）	铜	长23、厚6、管径0.85	基本完好
200	2018ZHJYJ：336	铜管弯头	铜	长12、管径2.2	基本完好
201	2018ZHJYJ：337	铜阀门	铜	长13.8、宽10.2	基本完好
202	2018ZHJYJ：338	大铆钉	铜	长12.4、上边长5、下直径3.4	基本完好
203	2018ZHJYJ：339	铜螺丝	铜	长4.9、上边长3.2、下直径1.9	大体完好
204	2018ZHJYJ：340	铜件	铜	长15.5、宽8.2	基本完好
205	2018ZHJYJ：341	螺栓	铜	长7.8、螺母边长2.9	基本完好
206	2018ZHJYJ：342	铜合页	铜	长7.7、厚0.8	基本完好
207	2018ZHJYJ：343	铜构件	铜	长7.3、宽4.5	基本完好
208	2018ZHJYJ：344	油灯构件	铜	长2.4、宽1.9	大体完好

续表

序号	文物编号	文物名称	质地	尺寸（厘米）	完整程度
209	2018ZHJYJ：345	铜水烟袋	铜	长33.5、宽8.4	大体完好
210	2018ZHJYJ：346	铜水烟袋	铜	长8.8、宽7.8、高4	大体完好
211	2018ZHJYJ：347	铜水烟袋	铜	长37、宽8.8	大体完好
212	2018ZHJYJ：349	铜油灯	铜	长23.5、宽14.5	大体完好
213	2018ZHJYJ：350	铜锁构件	铜	长7.4、宽6.5、厚2.1	大体完好
214	2018ZHJYJ：351	53毫米炮弹壳	铜	长30、底径7、口径5.8	基本完好
215	2018ZHJYJ：352	47毫米炮弹壳	铜	长12.5、底径5.8、口径6.1	大体完好
216	2018ZHJYJ：353	油灯盖板	铜	长19.2、宽13.7	残损
217	2018ZHJYJ：354	舷窗	铜	长37.5、宽31、高4.3	基本完整
218	2018ZHJYJ：355	舷窗	铜	长74、宽40、厚3.5	基本完整
219	2018ZHJYJ：367	电极	铜	长10.5、宽2.4	基本完好
220	2018ZHJYJ：378	57毫米炮弹壳	铜	长25.5、宽12、口径6	残损
221	2018ZHJYJ：390	铜构件	铜	长4.1、宽2.8、高1.9	基本完好
222	2018ZHJYJ：391	铜构件	铜	长20.5、宽3.2	大体完好
223	2018ZHJYJ：392	铜合页	铜	长7.3、宽3.1、厚1	基本完好
224	2018ZHJYJ：395	铜哨子	铜	长9.1、直径3	基本完好
225	2018ZHJYJ：396	37毫米炮弹壳	铜	长9.1、底径4	基本完好
226	2018ZHJYJ：397	37毫米炮弹头	铜	长7.2、底径4	大体完好
227	2018ZHJYJ：398	铜构件	铜	直径5.4、厚0.9	基本完好
228	2018ZHJYJ：489	铜条	铜	长61、宽4.2、厚2	大体完好
229	2018ZHJYJ：490	固定铜条	铜	长38、宽1.6、厚0.2	基本完好
230	2018ZHJYJ：504	工具	铜	长15.1、宽2.6、厚1	基本完好
231	2018ZHJYJ：506	铜油壶	铜	长19、宽14.8、厚0.45	基本完好

3. 其他金属文物（铅、合金，10件）

表5　其他金属文物统计表

序号	文物编号	文物名称	质地	尺寸（厘米）	完整程度
1	2018ZHJYJ：178	螺母堵头铅构件	铅（铁）合金	高2.43、外径3.45	基本完好
2	2018ZHJYJ：281	铅饼	铅	厚0.58、外径3.35	基本完好
3	2018ZHJYJ：335	37毫米炮弹头	合金	长9.7、底径3.7	基本完好
4	2018ZHJYJ：381	红铅	铅	长6、宽4.3、厚2.7	残损
5	2018ZHJYJ：382	圆柱体物品	合金	长13.8、直径3.1	基本完好
6	2018ZHJYJ：451	铅皮	铅	长57、宽22、厚0.15	基本完好
7	2018ZHJYJ：452	铅皮	铅	长35、宽30、厚0.15	残损
8	2018ZHJYJ：453	铅皮	铅	长21、宽16、厚0.15	大体完好
9	2018ZHJYJ：456	铅管	铅	长60、直径1.5	大体完好
10	2018ZHJYJ：513	铅管	铅	残长257、内径8	残损

三、无机非金属文物（31件）

表6　无机非金属文物统计表

序号	文物编号	文物名称	质地	尺寸（厘米）	完整程度
1	2018ZHJYJ：234	瓷碗残片	瓷	外径5.45、胎厚0.33、残高6.2	大体完好
2	2018ZHJYJ：309	紫砂壶盖（残件）	陶（紫砂）	长4.5、宽1.35	残损
3	2018ZHJYJ：311	砚台	石器	长8、宽5.2、厚0.43	大体完好
4	2018ZHJYJ：328	瓷片	瓷	长7.8、宽7.6、厚1.2	残损
5	2018ZHJYJ：329	瓷片	瓷	长7.3、宽5.2、厚1.6	残损
6	2018ZHJYJ：330	瓷片	瓷	长8.1、宽5.3、后1.3	残损
7	2018ZHJYJ：331	五彩碗瓷片	瓷	长9.5、宽5.3、厚0.8	残损
8	2018ZHJYJ：332	盒	瓷	口径3.6、高1.1、厚0.2	基本完好
9	2018ZHJYJ：333	陶器底部残片	陶	长12.6、宽5.9、厚0.4	残损
10	2018ZHJYJ：334	瓷片	瓷	长9.2、宽8.3、厚0.4	残损
11	2018ZHJYJ：356	陶罐口沿	陶	长8.6、宽4.5、厚0.4	残损
12	2018ZHJYJ：357	陶罐口沿	陶	长6.8、高4.7、厚0.25	残损
13	2018ZHJYJ：358	陶罐口沿	陶	长2.9、宽2.3、厚0.2	残损
14	2018ZHJYJ：359	陶罐底	陶	长6.6、宽4.3、厚0.25	残损
15	2018ZHJYJ：360	小口罐口沿	陶	宽5.4、高3.9、厚0.9	残损
16	2018ZHJYJ：361	瓷片（碗）	瓷	长10.03、宽4.5、厚0.6	残损
17	2018ZHJYJ：362	瓷片（碗）	瓷	长7.1、宽4.5、厚0.25	残损
18	2018ZHJYJ：363	瓷片（碗）	瓷	长3.7、宽2.6、厚0.15	残损
19	2018ZHJYJ：364	瓷片（碗）	瓷	长4.9、宽3.5、厚0.4	残损
20	2018ZHJYJ：365	瓷片（碗）	瓷	长2.7、宽2.4、厚0.3	残损
21	2018ZHJYJ：370	信号灯玻璃	玻璃	长14、宽6.5、厚1.4	大体完好
22	2018ZHJYJ：371	信号灯玻璃片	玻璃	长7.8、宽2.9、厚2	大体完好
23	2018ZHJYJ：372	玻璃瓶	玻璃	口径2.2、底宽5.2、高14.5	残损
24	2018ZHJYJ：373	玻璃小瓶	玻璃	口径0.7、底径1.6、高6.1	基本完整
25	2018ZHJYJ：374	玻璃管	玻璃	长4.2、直径1.7	残损
26	2018ZHJYJ：375	玻璃管	玻璃	长3.45、直径1.25	大体完好
27	2018ZHJYJ：376	舷窗玻璃	玻璃	长5.2、厚2.4	残损
28	2018ZHJYJ：377	玻璃瓶底	玻璃	底径7.3、厚0.5	残损
29	2018ZHJYJ：379	玻璃瓶底	玻璃	宽5.4、高6.4、厚0.2	残损
30	2018ZHJYJ：380	玻璃瓶底	玻璃	长5.6、宽4.5、厚0.8	残损
31	2018ZHJYJ：389	耐火砖	陶	长24.4、宽12、厚6.6	基本完好

附录三　经远舰沉船出水铁质文物锈蚀样品元素成分分析

表1　经远舰沉船出水铁质文物锈蚀样品 XRF 元素成分分析结果

（wt%）

序号	样品原始编号	O	Fe	Na	Mg	Al	Si	P	S	Cl	K	Ca	Mn	Cu	Pb	V	Ti	Ba	Zn	As
1	2018ZHJYJ：393	38.9	49.0	0.2	1.1	1.4	3.2	0.1	1.5	2.2	0.3	1.5	0.4	0.1	0.1	—	—	—	—	—
2	2018ZHJYJ：400	53.0	27.6	0.5	1.5	2.1	7.1	0.1	1.2	2.6	0.7	2.9	0.1	0.5	0.1	—	—	—	—	—
3	2018ZHJYJ：401	42.4	46.2	0.2	0.2	1.4	4.9	0.5	0.6	2.6	0.1	0.1	0.6	0.1	0.1	0.1	—	—	—	—
4	2018ZHJYJ：402	35.9	57.1	0.1	0.1	0.2	0.6	0.1	0.1	5.4	0.1	0.1	0.2	—	0.1	—	—	—	—	—
5	2018ZHJYJ：403	48.4	38.8	0.5	0.8	1.2	4.1	0.1	1.0	1.4	0.4	2.7	0.3	—	0.3	—	0.1	—	—	—
6	2018ZHJYJ：404	52.1	37.1	0.2	0.2	0.9	3.0	—	0.6	4.2	0.3	1.0	0.1	—	0.1	—	—	—	—	—
7	2018ZHJYJ：405	34.4	55.3	0.2	0.2	0.1	0.5	—	0.3	8.6		0.2	0.1	—	0.1	—	—	—	—	—
8	2018ZHJYJ：406	52.5	31.8	0.4	0.6	1.3	4.3	0.1	1.0	3.3	0.4	1.5	0.2	—	2.6	—	—	—	—	—
9	2018ZHJYJ：407	43.6	45.4	0.1	0.1	0.1	4.8	0.9	0.8	2.5	—	0.3	0.8	—	0.2	0.2	0.2	—	—	—
10	2018ZHJYJ：408	56.0	34.9	0.1	0.1	0.2	0.7	0.1	0.2	7.0	0.1	0.5	—	—	0.2	—	—	—	—	—
11	2018ZHJYJ：409	48.2	39.2	0.3	0.3	1.1	3.3	0.1	0.3	5.5	0.3	0.8	0.2	—	0.4	—	0.1	—	—	—
12	2018ZHJYJ：410	47.4	37.5	0.2	0.5	1.5	5.2	0.1	0.9	4.7	0.4	1.1	0.1	0.1	0.1	—	—	—	—	—
13	2018ZHJYJ：411	50.8	39.4	0.2	0.5	0.7	2.1	0.1	1.4	2.6	0.2	1.8	—	0.2	0.1	—	—	—	—	—
14	2018ZHJYJ：412	43.2	49.5	0.1	0.1	0.2	0.7	0.1	0.2	5.2	0.1	0.2	0.1	0.1	0.3	—	—	—	—	—
15	2018ZHJYJ：413	38.7	51.0	0	0.1	0.2	0.6	0.1	0.2	8.5	0.1	0.2	—	0.2	0.3	—	—	—	—	—
16	2018ZHJYJ：414	50.7	42.2	0.1	0.1	0.2	1.0	0.1	0.2	5.0	0.1	0.4	—	—	0.2	—	—	—	—	—
17	2018ZHJYJ：415	44.6	46.3	0.1	0.3	0.3	1.0	0	0.3	4.5	0.1	1.5	0.2	0.5	0.2	—	—	—	—	—
18	2018ZHJYJ：416	36.2	54.0	0.1	0.1	0.5	1.4	0.1	0.2	6.8	0.1	0.2	0.1	0.1	0.2	—	—	—	—	—

续表

序号	样品原始编号	O	Fe	Na	Mg	Al	Si	P	S	Cl	K	Ca	Mn	Cu	Pb	V	Ti	Ba	Zn	As
19	2018ZHJYJ：465	35.7	42.0	0.2	15.2	0.3	1.0	0.1	0.3	4.5	0.1	0.3	0.1	0.1	0.3	—	—	—	—	—
20	2018ZHJYJ：421	39.0	44.9	0.5	0.4	1.6	5.6	0.1	0.5	4.6	0.6	1.5	0.3	0.3	0.2	—	—	—	—	—
21	2018ZHJYJ：422	40.7	49.5	0.1	0.2	0.2	0.7	0.1	0.6	4.8	0.1	0.3	0.1	0.1	1.6	—	—	0.9	—	—
22	2018ZHJYJ：423	37.7	48.0	0.3	0.4	0.9	2.9	0.1	1.3	5.3	0.3	2.0	0.2	0.1	0.4	—	—	—	—	—
23	2018ZHJYJ：424	46.1	41.4	0.2	0.4	0.6	2.0	0.7	0.4	5.1	0.2	2.2	0.1		0.5	—	—	—	—	Ni 0.2
24	2018ZHJYJ：425	47.0	34.0	0.4	0.9	2.0	6.1	0.2	1.0	3.0	0.6	4.4	0.3	0.1	0.2	—	—	—	—	—
25	2018ZHJYJ：428	46.1	44.2	0.1	0.2	0.4	1.1	0.2	0.2	6.3	0.1	0.3	0.1	0.5	—	—	—	—	0.3	—
26	2018ZHJYJ：429	39.6	52.4	0.1	0.1	0.2	1.5	—	0.3	5.0	0.1	0.1	0.1	0.2	0.2	—	—	—	—	—
27	2018ZHJYJ：430	30.2	57.8	0.2	0.2	0.3	1.1	0.2	0.4	8.1	0.1	0.6	0.2		0.5	—	—	—	—	—
28	2018ZHJYJ：431	40.1	51.5	0.1	0.1	0.4	1.3	0.1	0.1	5.4	0.1	—	0.1	0.1	0.4	—	—	—	—	—
29	2018ZHJYJ：432	65.4	24.3	0.3	0.3	1.4	4.5	0.1	0.3	2.6	0.4	0.2	0.1	—	0.2	—	0.1	—	—	—
30	2018ZHJYJ：433	35.0	55.3	0.2	0.2	0.5	1.7	0.1	0.4	5.7	0.2	0.4	0.1	0.1	0.3	—	—	—	—	—
31	2018ZHJYJ：434	58.7	34.1	0.1	0.8	0.4	1.2	0.1	0.1	4.9	0.1	0.2	—	—	0.1	—	—	—	—	—
32	2018ZHJYJ：435	43.2	47.5	0.3	0.7	0.2	0.8	0.4	0.6	7.0	0.1	0.1	0.1	—	0.1	—	—	—	—	—
33	2018ZHJYJ：436	36.9	52.7	0.2	0.1	0.4	1.4	0.1	0.2	6.5	0.1	0.2	0.2	0.1	0.6	—	—	—	—	—
34	2018ZHJYJ：437	40.4	47.2	0.1	0.1	0.3	0.9	—	0.3	10.1	0.1	0.2	0.3	—	0.1	—	—	—	—	—
35	2018ZHJYJ：438	38.4	48.2	0.1	0.1	0.2	0.7	—	0.3	11.4	0.1	0.2	0.2	—	0.2	—	—	—	—	—
36	2018ZHJYJ：439	50.7	30.4	0.5	0.9	2.1	6.6	0.1	0.6	1.1	0.6	5.6	0.4	0.2	0.2	—	—	—	—	—
37	2018ZHJYJ：440	67.4	16.9	0.3	1.3	0.9	3.6	0.1	0.5	1.1	0.3	7.3	0.2	—	0.1	—	—	—	—	—
38	2018ZHJYJ：444	47.2	41.8	0.3	0.7	1.1	3.2	0.1	0.7	2.7	0.3	1.5	0.2	—	0.3	—	—	—	—	—
39	2018ZHJYJ：447	79.5	16.0	0.1	0.1	0.3	1.0	0.1	0.5	1.7	0.1	0.1	0.2	0.2	0.2	—	—	—	—	—
40	2018ZHJYJ：448	34.6	55.5	0.1	0.1	0.2	0.9	—	0.2	7.7	0.1	0.3	—	—	0.1	—	—	—	—	—

续表

序号	样品原始编号	O	Fe	Na	Mg	Al	Si	P	S	Cl	K	Ca	Mn	Cu	Pb	V	Ti	Ba	Zn	As
41	2018ZHJYJ：449	39.7	44.4	0.3	0.5	1.3	4.3	0.5	0.7	6.1	0.5	1.0	0.1	—	0.4	—	—	—	—	—
42	2018ZHJYJ：454	52.4	35.5	0.2	0.4	0.9	2.8	0.1	0.4	4.4	0.3	2.3	0.1	—	0.1	—	—	—	—	—
43	2018ZHJYJ：455	48.5	38.3	0.3	0.5	1.0	3.1	0.1	0.8	4.6	0.3	2.2	0.1	—	0.2	—	—	—	—	—
44	2018ZHJYJ：457	69.0	17.5	0.4	0.9	1.7	5.9	0.1	0.7	1.4	0.6	1.7	0.2	0.1	—	—	—	—	—	—
45	2018ZHJYJ：462	53.6	29.7	0.5	0.6	2.0	6.2	0.1	0.7	4.5	0.6	1.1	0.1	0.1	0.3	—	—	—	—	—
46	2018ZHJYJ：464	50.4	30.7	0.6	0.9	1.9	6.4	0.1	1.4	2.0	0.6	1.0	0.1	0.1	1.9	—	0.1	0.2	1.4	0.1
47	2018ZHJYJ：466	58.5	34.0	0.3	0.4	0.4	1.3	0.2	0.5	2.2	0.1	1.7	—	0.1	0.4	—	—	—	—	—
48	2018ZHJYJ：467	50.7	37.3	0.5	0.4	1.0	2.9	0.1	0.6	4.1	0.3	1.7	0.1	0.1	0.1	—	0.1	—	—	—
49	2018ZHJYJ：471	46.2	40.3	0.4	0.4	1.5	5.2	0.1	0.3	3.7	0.6	1.0	0.2	—	0.2	—	—	—	—	—
50	2018ZHJYJ：472	44.6	36.4	0.5	0.9	2.5	8.2	0.1	1.0	2.9	0.8	1.4	0.2	0.2	0.2	—	0.2	—	—	—
51	2018ZHJYJ：474	42.6	45.2	0.3	0.6	1.1	3.5	—	0.7	3.5	0.4	1.6	0.1	0.1	0.1	—	—	—	—	—
52	2018ZHJYJ：475	59.1	23.6	0.3	0.8	1.2	4.0	0.1	0.7	6.2	0.5	3.3	0.1	—	0.1	—	—	—	—	—
53	2018ZHJYJ：478	49.8	28.5	0.5	0.5	1.8	5.6	0.1	1.2	8.0	0.7	1.0	0.2	—	1.7	—	0.1	0.3	—	—
54	2018ZHJYJ：479	52.9	33.7	0.3	0.4	0.9	2.9	—	0.5	5.7	0.3	1.0	0.1	—	0.6	—	0.0	—	0.5	—
55	2018ZHJYJ：482	50.0	34.5	0.4	0.9	1.3	4.8	0.1	0.7	4.0	0.4	2.2	0.3	0.1	0.1	—	—	—	—	—
56	2018ZHJYJ：485	59.7	29.1	0.4	0.7	1.1	3.5	—	0.6	3.1	0.4	0.9	0.1	0.1	0.2	—	—	0.1	—	—
57	2018ZHJYJ：486	63.1	28.2	0.3	0.3	0.6	2.1	—	0.4	3.3	0.2	1.1	0.1	—	0.1	—	—	—	—	—
58	2018ZHJYJ：487	51.4	41.7	0.1	0.2	0.3	1.2	0.1	0.3	3.7	0.1	0.4	0.2	0.1	0.1	—	0.1	—	—	—
59	2018ZHJYJ：491	37.9	53.2	0.2	0.3	0.3	1.0	0.1	0.3	5.3	0.1	0.6	0.1	0.2	0.3	—	—	—	—	—
60	2018ZHJYJ：492	39.3	47.4	0.3	0.3	0.6	1.8	0.1	0.4	8.2	0.2	0.7	0.1	0.1	0.3	—	—	—	—	—

附录四　经远舰沉船出水铁质文物锈蚀样品物相分析

表1　经远舰沉船出水铁质文物锈蚀样品XRD物相分析结果

序号	样品编号	检测结果
1	2018ZHJYJ：393	β-FeOOH
2	2018ZHJYJ：400	SiO_2、β-FeOOH
3	2018ZHJYJ：401	β-FeOOH
4	2018ZHJYJ：402	β-FeOOH
5	2018ZHJYJ：403	SiO_2、Fe_2O_3
6	2018ZHJYJ：404	SiO_2、β-FeOOH
7	2018ZHJYJ：405	SiO_2、β-FeOOH
8	2018ZHJYJ：406	SiO_2、β-FeOOH、$Fe(OH)_3$
9	2018ZHJYJ：407	SiO_2、β-FeOOH
10	2018ZHJYJ：408	β-FeOOH
11	2018ZHJYJ：409	SiO_2、β-FeOOH
12	2018ZHJYJ：410	SiO_2、β-FeOOH
13	2018ZHJYJ：411	β-FeOOH
14	2018ZHJYJ：412	β-FeOOH
15	2018ZHJYJ：413	β-FeOOH
16	2018ZHJYJ：414	SiO_2、β-FeOOH
17	2018ZHJYJ：415	β-FeOOH
18	2018ZHJYJ：416	β-FeOOH、$Fe(OH)_3$
19	2018ZHJYJ：465	β-FeOOH、$Fe(OH)_3$
20	2018ZHJYJ：421	SiO_2、β-FeOOH
21	2018ZHJYJ：422	β-FeOOH、$Fe(OH)_3$
22	2018ZHJYJ：423	β-FeOOH
23	2018ZHJYJ：424	SiO_2、β-FeOOH
24	2018ZHJYJ：425	SiO_2、β-FeOOH
25	2018ZHJYJ：428	β-FeOOH
26	2018ZHJYJ：429	β-FeOOH
27	2018ZHJYJ：430	β-FeOOH
28	2018ZHJYJ：431	β-FeOOH
29	2018ZHJYJ：432	SiO_2、β-FeOOH
30	2018ZHJYJ：433	β-FeOOH
31	2018ZHJYJ：434	SiO_2、β-FeOOH
32	2018ZHJYJ：435	SiO_2、β-FeOOH、$Fe(OH)_3$
33	2018ZHJYJ：436	β-FeOOH
34	2018ZHJYJ：437	β-FeOOH
35	2018ZHJYJ：438	β-FeOOH
36	2018ZHJYJ：439	β-FeOOH
37	2018ZHJYJ：440	β-FeOOH、Fe_2O_3

续表

序号	样品编号	检测结果
38	2018ZHJYJ：444	β-FeOOH
39	2018ZHJYJ：447	β-FeOOH
40	2018ZHJYJ：448	SiO_2、β-FeOOH
41	2018ZHJYJ：449	SiO_2、β-FeOOH
42	2018ZHJYJ：454	SiO_2、β-FeOOH
43	2018ZHJYJ：455	β-FeOOH
44	2018ZHJYJ：457	SiO_2、β-FeOOH
45	2018ZHJYJ：462	SiO_2、β-FeOOH
46	2018ZHJYJ：464	β-FeOOH
47	2018ZHJYJ：466	β-FeOOH
48	2018ZHJYJ：467	β-FeOOH
49	2018ZHJYJ：471	β-FeOOH
50	2018ZHJYJ：472	β-FeOOH
51	2018ZHJYJ：474	SiO_2、β-FeOOH
52	2018ZHJYJ：475	SiO_2、β-FeOOH
53	2018ZHJYJ：478	SiO_2、β-FeOOH
54	2018ZHJYJ：479	β-FeOOH
55	2018ZHJYJ：482	β-FeOOH
56	2018ZHJYJ：485	β-FeOOH
57	2018ZHJYJ：486	β-FeOOH
58	2018ZHJYJ：487	β-FeOOH
59	2018ZHJYJ：491	β-FeOOH
60	2018ZHJYJ：492	SiO_2、β-FeOOH、Fe_2O_3

附录五 经远舰沉船出水木质文物树种鉴定

对经远舰沉船遗址出水22件木质文物进行取样，样品经过处理后，进行切片、染色、脱水、用树脂胶把切片封闭在玻璃片上，再用显微镜进行观察、分析、鉴定。22个文物标本树种鉴定检测结果如下所示。

表1 经远舰沉船出水木质文物树种鉴定表

序号	编号	文物编号	名称	检测结果
1	W-017	2018ZHJYJ：001	天幕杆头	硬木松
2	W-018	2018ZHJYJ：002	甲板构件	硬木松
3	W-019	2018ZHJYJ：003	甲板构件	硬木松
4	W-020	2018ZHJYJ：004	甲板构件	柚木
5	W-021	2018ZHJYJ：005	甲板构件	硬木松
6	W-022	2018ZHJYJ：009	甲板构件	硬木松
7	W-023	2018ZHJYJ：015	木构件	硬木松
8	W-024	2018ZHJYJ：016	木构件	柚木

续表

序号	编号	文物编号	名称	检测结果
9	W-025	2018ZHJYJ：018	斜桁	硬木松
10	W-026	2018ZHJYJ：023	壁板构件	硬木松
11	W-027	2018ZHJYJ：031	舱壁板	柚木
12	W-028	2018ZHJYJ：041	木格栅	柚木
13	W-029	2018ZHJYJ：045	甲板构件	柚木
14	W-030	2018ZHJYJ：053	侧板	硬木松
15	W-031	2018ZHJYJ：071	木构件	硬木松
16	W-032	2018ZHJYJ：073	壁板构件	硬木松
17	W-033	2018ZHJYJ：112	房间内壁板	硬木松
18	W-034	2018ZHJYJ：113	木构件	柚木
19	W-035	2018ZHJYJ：494	舱室壁板	硬木松
20	W-036	2018ZHJYJ：495	甲板	柚木
21	W-037	2018ZHJYJ：496	补板	柚木
22	W-038	2018ZHJYJ：103	滑轮构件木质部分	椰豆木

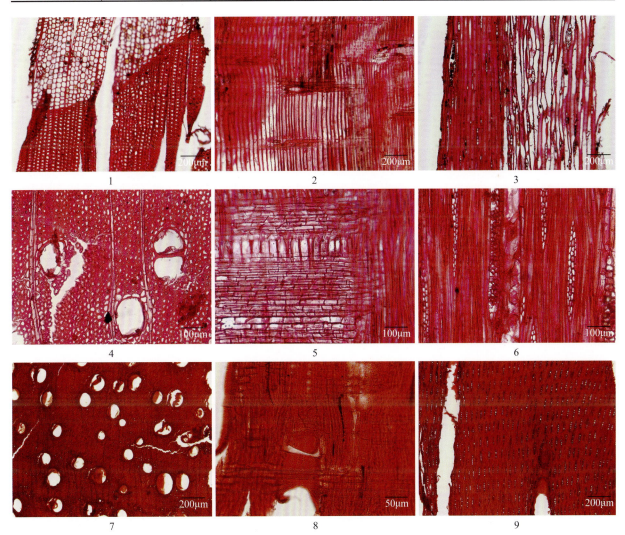

图1　经远舰沉船遗址出水木质文物树种鉴定图

1. W-019硬木松横切面　2. W-019硬木松径切面　3. W-019硬木松弦切面　4. W-020柚木横切面　5. W-020柚木径切面
6.W-020柚木弦切面　7. W-038椰豆木横切面　8. W-038椰豆木径切面　9. W-038椰豆木弦切面

由树种鉴定结果可以看出，经远舰出水木质文物的树种主要为柚木和硬木松，有一件铜、铁和木三种材质复合的滑轮构件，其木质部分的树种为椰豆木。

1. 柚木

22个样品中，有8个样品的树种为马鞭草科 *Verbenaceae J. St.-Hil.*（*1805*）柚木属 *Tectona* 柚木 *Tectona grandis L.F.* 又称胭脂树、紫柚木、血树等。

树木及分布：柚木是一种落叶或半落叶大乔木，树高达40~50米，胸径2~2.5米，干通直。树皮褐色或灰色，枝四棱形，被星状毛。叶对生，极大，卵形或椭圆形，背面密被灰黄色星状毛。圆锥花序阔大，秋季开花，花白色，芳香。柚木是热带树种，要求较高的温度，垂直分布多见于海拔高700~800米以下的低山丘陵和平原。原产缅甸，泰国，印度和印度尼西亚，老挝等地，其中以印尼、泰国、缅甸最为著名。中国云南、广东、广西、福建、台湾等地普遍引种。

木材加工、工艺性质：木材纹理直或斜；结构细，不均匀；轻至中；干缩中；干燥不难，无缺陷产生；对多种化学物质有较强的耐腐蚀性。柚木是制造高档家具地板、室内外装饰的好材料。适用于造船、露天建筑、桥梁等，特别适合制造船甲板。柚木号称是缅甸的国宝，所以价格相当的昂贵。

2. 硬木松

22个样品中，有13个样品的树种为松科 *Pinaceae Lindl.* 硬木松。

3. 椰豆木

22个样品中，有1个样品的树种为椰豆木，拉丁名为 *Brya sp.*，隶豆科（*Leguminosae*），被子植物（开花植物）的主要类群，属于豆科植物。国外进口木材，国内无该树种。该样品来自滑轮构件（2018ZHJYJ：103）的木质部分，该滑轮为铜、铁和木三种材质复合文物。

主要特征：椰豆木，散孔材。单管孔及径列复管孔，单穿孔，管间纹孔式互列，导管—射线间纹孔式类似管间纹孔式。轴向薄壁组织稀疏环管状、翼状、星散、星散—聚合状及带状。射线组织叠生，同形单列。

后　记

　　2018年11月，随着国家文物局水下文化遗产保护中心北海基地在青岛市即墨区蓝色硅谷的正式启用，致远舰与经远舰这两艘在中日甲午海战中英勇沉没战舰的出水文物，在北海基地迎来了科学研究与保护修复的新篇章。这些文物，尽管历经百年沧桑，保存状况欠佳，饱受盐分侵蚀、凝结物覆盖、锈蚀斑驳、木质糟朽及残缺不全等病害困扰，甚至部分出水炮弹与子弹中还残留着历史的火药痕迹，但它们无疑是中华民族不屈精神的实物见证，承载着厚重的历史与文化价值。

　　科学研究方面，借助现代科技手段，对陶瓷的微观结构与化学成分，金属的金相组织、夹杂物及合金构成，木质文物的树种鉴定，以及火药组分进行了深入细致的分析，这些工作不仅为文物的保护修复提供了科学依据，也为揭示文物背后的考古与历史信息开辟了新视角。

　　文物保护方面，面对文物复杂的病害情况，依据文物保护的基本原则，针对不同材质文物（金属、陶瓷、木质、皮革、骨质、石质等）的特性和保护要求，设计并实施了一系列病害清除与修复措施。近千件出水文物在细致入微的呵护下，得以有效缓解病害，恢复或部分恢复了其原有风貌，并据此提出了长期保存的科学建议，确保这批珍贵文物能够得以保护传承，彰显其历史与文化价值。

　　本书的编纂，正是基于上述致远舰与经远舰出水文物的科学研究与保护修复工作的全面总结与提炼。它的问世，得益于国家文物局考古研究中心（以下简称"考古中心"）和丹东市文化旅游和广播电视局的鼎力支持，同时也是众多学者与文物保护工作者智慧与汗水的结晶。除了直接参与本书各章节撰写的作者外，还特别感谢考古中心的席光兰副研究馆员、王昊副研究馆员、付永海副研究馆员以及中国文化遗产研究院的沈大娲研究馆员等在前期所做出的贡献；山东大学申静怡副教授在陶瓷与玻璃分析领域的专业指导同样不可或缺，对此我们深表谢意。

　　具体而言，本书各章节的执笔分工如下：考古中心周春水研究员与万鑫馆员共同完成了第一章"遗址与文物"的撰写；考古中心姜婷婷助理馆员和万鑫馆员负责了第二章"金属文物科学分析"；第三章"陶瓷与玻璃分析研究"则由山东大学吴昊泽博士、考古中心万鑫馆员及山东大学李志敏助理研究员携手完成；第四章"火药分析研究"由考古中心万鑫馆员执笔；第五章"文物病害分析"集合了考古中心张治国研究馆员、万鑫馆员与山东大学李志敏助理研究员的力量；第六章"金属文物保护"由考古中心万鑫馆员与范浩东助理馆员共同撰写；第七章"陶瓷文物保护"由考古中心薛亚维助理馆员与万鑫馆员合作完成；第八章"有机质文物保护"则由考古中心刘胜助理馆员与万鑫馆员共同执笔；第九章"复合材质文物保护"汇聚了考古中心张治国研究馆员、刘胜助理馆员、万鑫馆员以及中国文化遗产研究院田兴玲研究馆员的力量。全书由张治国研究馆员和李辉先生负责统稿，力求内容的准确与连贯。

　　鉴于水平与经验所限，书中难免存在疏漏与不足，恳请广大读者与专家不吝赐教，批评指正。

　　展望未来，随着科技的飞速发展和国家对水下文化遗产保护工作的日益重视，我们有理由相信，水下文物的保护与研究将迎来更加广阔的前景。一方面，现代化的高科技手段将更广泛地应用于水下考古与文物保护中，提高保护效率与质量，让更多人能够以更加直观、生动的方式感受水下文化遗产的魅力。另一方面，随着国际间水下文化遗产保护合作的不断深化，我们将有机会借鉴更多国际先进经验和技术，共同推动全球水下文化遗产保护事业的发展。我们期待通过本书的出版，能够进一步激发社会各界对水下文化遗产保护的热情与关注，共同为守护人类共同的文化遗产贡献力量。